LA VOIX DE L'INDE

Collection dirigée
par
François Gautier

PARVATI

OU

L'AMOUR EXTRÊME

KALIDASA

PARVATI

OU

L'AMOUR EXTRÊME

*Adaptation du sanskrit,
introduction et notes
par Christine Devin*

PARIS
LES BELLES LETTRES
2005

*Pour consulter notre catalogue
et découvrir nos nouveautés
www.lesbelleslettres.com*

*Première édition :
Auroville Press Publishers, 2003*

© *2005, pour la présente édition
par Société d'édition Les Belles Lettres,
95, boulevard Raspail, 75006 Paris.*

ISBN : 2-251-72001-4

AVANT-PROPOS

Qu'il faille présenter Kalidasa, poète d'expression sanskrite, l'un des plus grands qu'ait connus l'Inde, à un public français semble inutile à première vue. Et pourtant c'est un fait qu'il n'est pas connu en France comme il mérite de l'être, c'est-à-dire que son nom n'évoque rien chez un public non averti et non indianisant. Peut-être est-ce dû au fait qu'il est difficile de le classer dans une catégorie littéraire précise. Peut-être aussi le lecteur français est-il dérouté par le fait que la société indienne dans laquelle vivait Kalidasa et qu'il décrit dans ses œuvres témoigne d'une culture qu'il appréhende mal. Peut-être les études indianistes sur Kalidasa lui ont-elles paru peu attrayantes ou tout simplement ce lecteur n'a-t-il pas aperçu de traductions sur les étagères de sa librairie. Quoi qu'il en soit, c'est un oubli que ce livre s'efforce de réparer.

Considérons ce fait inouï : ce poète drama-tique qui, tel Shakespeare, sait mêler avec un art consommé comédie, drame et poésie, ce poète savant qui reflète une civilisation aristocratique à l'esprit aussi fin, aux goûts esthétiques aussi développés que le siècle de Louis XIV, ce poète aux harmonies richement colorées qui surpasse nos romantiques par la façon dont il donne voix à la nature et dont il exalte la beauté de l'émo-tion humaine, a vécu au début de notre ère. Ce musicien-poète, ce maître du son et de la langue dont les vers peuvent être aussi sublimes que ceux de Milton et d'une grâce aussi poignante que ceux de Verlaine, cet esprit à la culture qui se voulait « universelle » à la manière de celle des hommes de la Renaissance, cet amoureux de la femme, enfin, dont l'érotisme s'exprime de façon si moderne, cela fait deux mille ans que les Indiens le lisent, jouent ses pièces de théâtre, « écoutent » ses poèmes et le célèbrent. L'époque exacte de Kalidasa n'a pas été encore déterminée avec précision, mais que ce soit au Ier siècle av J.-C. ou au IVe siècle ap. J.-C., la question qui immédiatement se présente à nous est celle-ci : où en était l'Occident à la même époque ? La société de ce temps-là était-elle assez libre, assez développée, assez éclairée pour produire et apprécier un génie de la taille de Kalidasa ?

Mais laissons-là cette comparaison qu'il n'était cependant pas tout à fait inutile de rappeler et tournons-nous plutôt vers l'histoire de Parvati racontée par Kalidasa. Le lecteur français jugera par lui-même.

Kumara-sambhava : La Naissance de Kumara, tel est le titre du poème de Kalidasa. Le sujet en est le mariage de Shiva et Parvati, mariage voulu et arrangé par les dieux car de leur union naîtra un fils, dieu guerrier, qui fera triompher les forces de lumière.

Shiva, c'est le dieu ascète, le yogi perdu en contemplation, indifférent à la douleur et au désir. C'est le Seigneur de la concentration. C'est l'immobile et le silencieux, le témoin ou *purusha*. Mais quand il s'allie à son contraire c'est-à-dire au principe dynamique, quand il s'unit à Celle qui agit, à la nature ou *prakriti*, alors il crée. Par sa passion, par sa danse, par sa concentration, il crée. De l'Éternel, Shiva représente la force. Lui seul peut retenir les cataractes du Gange dans les nattes de son chignon. Le poison qui contient toute la souffrance et l'horreur du monde, seule sa gorge peut en soutenir la brûlure. Parvati, c'est l'autre moitié de lui-même, c'est sa femme depuis les commencements des temps, c'est celle sans laquelle il resterait éternellement non-manifesté, celle dont les bras doivent l'enlacer pour le retenir à la terre. Si on a pu appeler cette histoire la fable suprême, c'est qu'y est contée la création du monde. De l'union entre l'âme suprême et la nature évolutive, le monde est créé.

Mais ces grandes légendes indiennes ont aussi une signification ésotérique, et le chemin que doit parcourir Parvati pour atteindre Shiva symbolise l'aventure de l'âme à la recherche de sa réalisation. On appelle Shiva « Dieu », mais on peut aussi l'appeler perfection du bonheur ou immortalité. Parvati, c'est en nous ce qui désire, peine, cherche, souffre, aime. C'est la femme, mais c'est aussi l'homme, et la pierre, et l'oiseau dans l'arbre

et le nuage qui passe et l'enfant qui pleure. Et
ici, le grand paradoxe, c'est que Parvati, qui a été
la femme de Shiva de toute éternité, doit dans
cette vie de nouveau le séduire, de nouveau se
faire reconnaître par lui et éveiller son amour.
C'est une histoire qui se répète indéfiniment. Il
faut, indéfiniment, que Parvati conquière l'âme
suprême, il faut qu'elle oublie tout ce qui n'est
pas Shiva, et qu'aveugle à toute autre chose elle
se concentre sur ce but unique. Car le seul moyen
de gagner le cœur du grand ascète, lui qui est
a-roopa-haarya, c'est-à-dire impossible à vaincre
par la beauté, c'est une extrême *tapasya*.

Le mot *tapasya*, dérivé de la racine *tap* « chauf-
fer », est quelquefois traduit bien à tort par « péni-
tence ». En fait, il ne s'agit de rien d'autre que
d'un effort acharné en vue d'un résultat spéci-
fique, un rassemblement de toutes les facultés
humaines sur un point unique, une « prise de
contrôle » de toutes les pensées, émotions et habi-
tudes physiques de l'être, une concentration de la
volonté en vue d'acquérir ou de devenir quelque
chose. Non seulement on « brûle », on « se con-
sume » pour quelque chose, comme le dit la

langue française, mais consciemment et méthodiquement on cherche à brûler de plus en plus intégralement jusqu'à ce que tout en soi-même ne soit plus que feu, c'est-à-dire énergie, force. Telle était la grande idée de l'Inde antique. Il est vrai également qu'avec le temps, une certaine déformation entrant en jeu, le mot *tapasya* finit par désigner principalement des pratiques ascétiques ayant ce but. En outre, étant donné la tendance indienne, mentionnée plus haut, à aller jusqu'au bout le plus extrême de chaque ligne d'expérience, sachant que seul « un bel excès » peut briser l'inertie de l'homme ordinaire, innombrables sont ceux qu'on dit avoir recherché l'Éternel par des austérités physiques. Néanmoins cela ne doit pas nous faire perdre de vue le sens initial de *tapasya*, ce sens de concentration intense fusionnant toutes les parties de l'être et éveillant une force si puissante qu'elle peut faire plier les dieux eux-mêmes.

Mythe fondamental de la cosmogonie hindoue, conte initiatique retraçant les épreuves de l'âme en marche vers elle-même, le *Kumarasambhava* est tout cela mais bien autre chose encore. En effet nous avons là sans doute *la plus grande œuvre du sanskrit classique*. Épique par son propos, romantique par son approche, classique par sa forme, il n'entre dans aucune des catégories familières à la littérature européenne. Les critiques indiens le classent dans les *mahakavya*, « grands poèmes » ou « poèmes épiques ». L'un des critères du genre, c'est que ses personnages principaux doivent être des dieux, des héros ou des descendants de famille royale. Mais le génie de Kalidasa est de leur conserver leur caractère merveilleux, étrange, sublime, et de leur donner des pensées, des paroles et des passions humaines. Toutefois, à la différence des personnages d'Homère, ces dieux ou ces demi-dieux ne perdent nullement leur divinité du fait d'être amenés sur notre plan d'expérience, et même lorsqu'ils sont décrits avec une légère touche d'humour, il n'y a jamais scepticisme ou manque de respect. Ce sont en même temps des forces cosmiques et des créatures terrestres. Leurs attributs traditionnels et symboliques sont présents mais transformés par le poète en éléments romantiques qui font partie du charme de leur personnalité ou indiquent un certain état psychologique. Si Indra est décrit à un certain moment avec, dans sa main, une « foudre aux coins ébréchés » c'est que le roi des dieux a essuyé une défaite cuisante et qu'il se tient devant Brahma comme l'image vivante de la désolation. Ces êtres célestes ne nous sont pas étrangers, ils pourraient être nos frères, mais des frères qui appartiennent à un monde plus raffiné, plus conscient, plus harmonieux que le nôtre, un monde où même la tristesse est charmante.

Car l'univers de Kalidasa est un paradis de beauté. Un paradis qui n'appartient ni à ce monde ni à l'autre : tous les dieux, les hommes, les animaux, les montagnes et vallées qui y vivent sont les créatures du poète. À toutes, il prête grâce, élégance, bonté. Dans ce monde d'innocence, tout est purifié par la beauté. Même les griffes du lion tachées du sang de l'éléphant sont charmantes. Même les rochers et les fleurs sont des êtres conscients et amicaux. Même la souffrance perd son goût amer et se fait extase délicieuse. C'est cela, dit Sri Aurobindo, qui explique l'attraction que le peuple indien a toujours ressentie pour Kalidasa : « Après avoir lu un de ses poèmes, le monde, la vie et ce qui nous entoure, hommes, animaux, choses inanimées, devient soudainement plus beau et nous est plus cher qu'auparavant... Le nuage vain et la montagne inerte ne sont plus vides ou inconscients, ils sont devenus des amis intelligents qui parlent à notre âme. Nos propres pensées, nos sentiments et nos passions nous apparaissent dans une autre lumière, ils ont reçu la sanction de la beauté. Alors à travers le délice, le sens de la vie et de l'amour que nous percevons dans toute belle chose, nous atteignons l'Esprit puissant par derrière, que nous reconnaissons non plus comme un objet de connaissance ou d'adoration mais comme notre amant. » Ainsi par un singulier paradoxe, « nous arrivons à Dieu par le chemin des sens ».

Le sujet du poème lui-même est une illustration de cette quête. En effet l'amour de Parvati est une passion très sensuelle, mais le fait qu'il ait pour objet Shiva, l'être éternel, lui donne un charme étrange qui participe du corps et de l'esprit. Ainsi par exemple, les attributs bien connus de Shiva, sa gorge bleue, son croissant de lune, son troisième œil, qui font partie d'un

langage symbolique et appartiennent au dis-
cours mythologique ou religieux, sont évoqués
ici comme des objets sensuels que Parvati désire
voir, toucher, caresser. Comme nous l'avons vu,
nous ne sommes pas loin ici du stade ultérieur
dans le développement de la culture indienne,
quand la relation entre l'âme humaine et le dieu
suprême sera vue et ressentie comme la passion
d'une femme pour son amant. Dans cette approche
appelée *bhakti*, l'amour sera le levier principal de la
quête spirituelle.

Bien que le *Kumarasambhava* contienne dix-
sept chants, la plupart des critiques s'accordent
pour considérer que seuls les huit premiers
chants sont l'œuvre de Kalidasa. Le poème tel
que nous le présentons ici est donc inachevé et
l'on n'y trouvera pas la conclusion attendue,
c'est-à-dire cette fameuse naissance de Kumara.
Nous avons ajouté en fin de livre un résumé des
neuf derniers chants. Cela dit, le lecteur ne
devrait pas éprouver la frustration naturelle à
celui qui soudain découvre que « la fin de l'his-
toire » lui a été dérobée.

En effet, la technique et l'art de Kalidasa, et en vérité de tout grand poète sanskrit, c'est de procéder *sloka* par *sloka*. Le *sloka*, c'est un vers, fait de quatre parties (en fait, un vers parfois si long que certains l'appellent une strophe), et voici ce que le grand poète Sri Aurobindo dit de l'art du *sloka* : « Chaque *sloka* doit être une œuvre d'art parfaite en elle-même, l'expression harmonieuse, vivante et convaincante d'un objet, d'une scène, d'un détail, d'une pensée, d'un état d'esprit ou d'une émotion, qui peut tenir toute seule comme une unité indépendante ; la succession des *sloka* doit être un développement constant par addition d'un élément complet à un élément complet [*by addition of completeness to completeness*] et tout le poème, ou, dans le cas d'un long poème, tout le chant, doit être de la même façon une structure artistique et satisfaisante, et la succession de chants une progression de mouvements bien définis construisant une harmonie totale. C'est ce type de création poétique d'un art hautement raffiné qui atteignit son sommet de perfection dans la poésie de Kalidasa. » C'est dire combien, malgré l'absence des derniers chants, le poème de Kalidasa est complet en lui-même.

Il faut enfin dire un mot de la langue de
Kalidasa, de sa brièveté, compacte mais jamais
abrupte, de sa précision qui va jusqu'à l'extrême
limite de la précision, de sa sobriété, et en même
temps de son opulence, de son abondance, de sa
majesté. Elle sait être noble et antique, elle sait
être simple, directe et, s'il ne s'agissait pas d'un
poète qui a vécu aux alentours du début de notre
ère, on pourrait dire, incroyablement moderne.
L'extrême de l'ascétisme et l'extrême de la sen-
sualité sont, nous l'avons vu, au cœur du poème
mais le style est tout sauf extrême. Il est d'une
retenue, d'une économie de moyens, d'une trans-
parence que l'on ne peut comparer qu'à celui
d'un Racine. En outre, la prosodie sanskrite est
infiniment plus exigeante que celle des classiques
français, étant basée non seulement sur le nombre
des syllabes mais aussi sur leur quantité et leur
ordre (un peu comme dans les vers latins). Struc-
ture magnifique et variée, qui ne supporte pas la
moindre négligence, et qui apparaît dans toute
sa splendeur à la récitation car à chaque mètre
correspond une mélodie différente.

Le texte français présenté ici a essayé de gommer les allusions, mythologiques ou autres, par trop obscures pour un lecteur français, tout en respectant l'amplitude de la vision et le contenu émotionnel des images. On a omis le quatrième chant, consacré aux lamentations de Rati, la compagne du Désir, dont bien des passages auraient nécessité trop d'explications.

Au XIVe siècle, le grand commentateur de Kalidasa, Mallinatha, notait au début de son analyse du *Kumarasambhava* que la muse de Kalidasa s'était évanouie... sous le poids des mauvais commentaires – aujourd'hui il aurait probablement ajouté « et des mauvaises traductions ». Il faut espérer que notre texte n'ajoutera pas au fardeau de la si gracieuse muse de Kalidasa, devant laquelle nous nous inclinons une seconde avant de commencer notre narration :

अस्त्युत्तरस्यां दिशि...
Astyuttarasyaam dishi...
Il est, dans les régions du Nord...

L'ENFANT DU ROC

Il est, dans les régions du Nord, un dieu, vêtu de sommets enneigés. Il est le seigneur du Roc, le souverain des choses immobiles. Pivot géant enfoncé entre les deux océans, Il a pour nom : Himalaya.

Devant Lui, majestueux tel un roi que l'on évente, les yaks fouettent gravement l'air de leur queue, et leurs mouvements circulaires éparpillent de tous côtés des gerbes de rayons blancs comme la lune.

Vers Lui, le soleil hausse ses rayons, les étirant autant que faire se peut, s'efforçant d'atteindre ses lacs glacés et d'y faire éclore ceux des lotus que les étoiles n'ont pas déjà cueillis.

Nourri aux profondeurs de la terre, Il porte en ses flancs une splendeur de diamants et de minerais dont la blancheur de ses neiges ne peut éteindre les feux, et dont la pourpre, se reflétant sur les nuages, fait croire aux nymphes du ciel que le crépuscule approche et qu'il est temps de se parer pour l'amour.

Sur ses pics, bien au-dessus des nuages, les Êtres de lumière, fuyant les pluies qui battent les hauts plateaux, montent se réfugier, enfin à l'abri dans ces lieux qui ne connaissent ni ombre ni impureté.

Tout en haut, Il est pierre et glace, immobilité et blancheur. Mais ses pentes plongent dans la vie et le rire et l'amour ; elles descendent vers le monde des hommes dans une exubérance de cascades joyeuses, d'animaux bondissants, de fougères dorées et de forêts frémissantes.

Sur ses sentiers, encore enneigés, le froid mord les pieds de la belle faunesse, mais elle poursuit sa marche, hanches lourdes, poitrine opulente. Elle va rejoindre son compagnon, et dans une cavité rocheuse les amants s'enlaceront, leur nudité cachée aux regards indiscrets par un nuage en arrêt, rideau de hasard suspendu devant la chambre d'amour. Ses pierres, Il en fait les témoins muets de soupirs passionnés, et de ses herbes phosphorescentes, il fait des lampes que les amoureux, allongés dans la grotte, n'auront pas besoin de se lever pour rallumer.

L'écorce de ses bouleaux, les divinités de la forêt s'en sont servie pour y confier leurs secrets d'amour, et elle est maintenant constellée de signes brillants, telle la peau des éléphants âgés marquée de taches rouge sombre.

La neige fraîchement tombée a recouvert les traces sanglantes du lion, mais elle n'innocente pas l'animal. Le chasseur aperçoit d'endroit en endroit quelques cailloux brillants : ce sont les perles qu'on dit se former sur les tempes des éléphants et qui ont dû glisser des pattes du félin. Le montagnard suivra la piste, obstinément. Et quand, las d'avoir poursuivi sa proie tout le jour, adossé contre le tronc d'un sapin, il laissera tomber sa tête en arrière, Himalaya lui enverra sa brise, qui, après avoir secoué les grands cèdres odorants, ébouriffé les plumes du paon et fait friser l'eau du Gange, viendra rafraîchir son front en une caresse vivifiante.

Le vent qui s'échappe en gémissant de la bouche de ses grottes, Il en emplit les tiges creuses de bambou, et musicien puissant aux flûtes innombrables, Il accompagne de son orchestre rauque les voix angéliques des chanteurs célestes.

Au fond de ses cavernes, accroupie, se terre l'obscurité, tremblant que l'éclat du jour ne la transforme en lumière. À elle aussi, Himalaya accorde refuge et protection.

Lui seul possède la force de soulever jusqu'au ciel le poids de notre terre. Le sachant, Brahma lui a conféré complète souveraineté sur toutes montagnes. Telle était sa puissance.

Voulant perpétuer sa lignée, il prit pour femme Ména, la fille des Anciens du monde, née de leur seule volonté. Ainsi s'unirent le souverain du Roc et la fille de la Pensée. Et ce furent eux que choisit Sati pour parents quand elle décida de renaître au monde. La femme de Shiva, en effet, Sati, avait été si humiliée par la conduite insultante de son père vis-à-vis de son époux, qu'elle s'était jetée dans des flammes nées de sa colère. Sati avait péri. Mais elle allait renaître dans un nouveau corps, issu de l'union entre Himalaya et Ména.

Le jour de sa naissance, l'air se fit parfaitement pur et transparent, une pluie de fleurs tomba sur terre et le son des conques retentit. On appela l'enfant Parvati, « la fille de Parvat », c'est-à-dire de la Montagne. Plus tard, quand elle aurait fait un vœu terrible, sa mère la nommerait Uma, ce qui signifie : « Non ! Pas cela ! »

Elle grandit sur les pentes de l'Himalaya. Aussi libre qu'une biche, elle courait dans les bois de cèdres à l'odeur épicée, ou bien jouait à la balle avec ses compagnes sur les plages de sable blanc qui ourlent les rives de la Mandakini. À l'âge où l'on s'assied aux pieds de l'instructeur, de sa vie précédente science et sagesse revinrent à elle aussi naturellement que des oiseaux migrateurs retournent vers le fleuve sacré en automne. Les yeux du père ne pouvaient se détacher de sa fille : comme la flamme fait briller la lampe, comme le Gange orne la voie céleste, comme le mot parfait couronne la pensée, ainsi Parvati comblait et faisait resplendir Himalaya.

L'enfant se transforma en femme : tel un tableau qui se découvre peu à peu sous le pinceau d'un grand artiste, telle la jeune lune qui jour après jour déploie les courbes parfaites qu'elle cachait en elle, tel un lotus ouvrant ses pétales à la lumière, le corps de Parvati s'épanouit au soleil de la jeunesse. Les formes charmantes modelées par le sculpteur divin se révélaient dans toute leur perfection.

Incapables d'absorber tant de beauté à la fois, les yeux se fermaient tout d'abord, éblouis. Il fallait doucement les rouvrir, mais en se gardant bien de les lever trop haut. On fixait la terre, puis, avec une extrême lenteur, on haussait le regard et on le laissait se poser progressivement sur chacune des parties de son corps, l'une après l'autre, dans une montée enivrante.

D'abord on percevait des taches floues de couleur rose, comme des fleurs mouvantes que la plante de ses pieds déplaçait à chacun de ses pas. Puis, dans un frémissement de clochettes, c'étaient des chevilles qui se soulevaient légèrement (où donc avaient-elles appris cette danse ? Des cygnes royaux sans doute, eux seuls avaient pu leur enseigner cette grâce). Plus haut, des jambes d'une symétrie parfaite, des cuisses si rondes et si douces et si tièdes que le poète, empêtré dans ses habitudes et incapable de les comparer à autre chose qu'à un frigide tronc de bananier ou à une rugueuse trompe d'éléphant, devait renoncer à même tenter de les décrire. Des hanches aux courbes si parfaites que, soulevées par le grand dieu, elles trouveraient leur place exacte dans le creux de son genou replié. Puis, une ombre mince, comme un fin rayon bleuté, qui, du centre de son corps, montait jusqu'à sa taille et se perdait là dans l'éclat du bijou de sa ceinture. Au-dessus, trois lignes gravées légèrement dans sa peau douce, trois marques charmantes comme les trois degrés d'un autel pour l'ascension du Désir. Une poitrine si opulente qu'entre les deux seins pâles aux mamelons noirs, pressés fermement l'un contre l'autre, même la fibre d'une tige de lotus n'aurait pu se glisser. Plus délicats que les fleurs les plus délicates, des bras dont l'Amour ferait des liens pour enchaîner le cou du dieu éternel. Prenant naissance au creux de sa poitrine, une gorge entourée d'un collier de perles, et l'on ne savait si c'étaient les perles dont l'éclat soulignait la beauté du cou, ou si ce n'était pas plutôt le cou dont l'éclat rehaussait la beauté des perles. Enfin le visage apparaissait, glorieuse fleur de lotus ouvrant ses pétales dans un cercle à la douceur de lune – deux splendeurs opposées, du jour et de la nuit, l'une à l'intérieur de l'autre. Dans ses yeux, effilés comme des pétales de nénuphar, dansaient des regards aussi timides que ceux des biches. La ligne admirable de ses sourcils semblait avoir été tracée par la mine brillante de quelque crayon divin, et l'on pouvait être sûr que lorsqu'il les verrait, le dieu du Désir, rouge de confusion, irait cacher son arc à la courbe légendaire. De même que, devant la masse splendide de sa chevelure, les yaks de la montagne se sentiraient honteux de leur pelage, que pourtant jusqu'alors ils avaient tenu pour leur plus grand objet de fierté. Il semblait que le Créateur eût voulu rassembler en un seul corps toutes les beautés de l'univers.

★ ★ ★

Le sage Narada, lors d'une de ses pérégrinations de monde en monde, vit un jour la fille du Roc et déclara qu'elle serait la femme de Shiva. Himalaya écarta alors toute idée d'un autre mariage, conscient que l'offrande sacrée ne peut être destinée qu'au Feu lui-même. Toutefois, il savait aussi qu'il ne pouvait solliciter le dieu des dieux. Il attendit.

★ ★ ★

Depuis que Sati avait quitté son corps, le Maître des créatures, indifférent au monde, vivait, perdu dans quelque transe profonde, sur un pic de l'Himalaya. Dans ce paysage de glace et de pierre, le grand Shiva, lui dont la danse crée et détruit les univers, silhouette immobile et silencieuse semblait un roc parmi les rocs. Dans la lumière étrange qui émanait du croissant de lune couronnant son chignon, on distinguait le glissement d'un serpent s'enroulant autour de son cou. Que regardait-il, de ses yeux fermés aux désirs des hommes ? Et pourquoi ce feu sacrificiel qui brûlait jour et nuit devant lui ? Que contemplait-il dans ce Feu qui n'était qu'une autre forme de lui-même ? De quel sacrifice s'agissait-il et pour la réalisation de quel désir impénétrable ?

À une certaine distance, le groupe de ses compagnons, ces personnages aux formes fantastiques qu'on appelle les Ganas, perchés çà et là sur des rochers, ne quittaient pas des yeux le dieu absorbé dans sa méditation. Le vent soufflait à leur visage une poussière fine d'embruns, souvenir subtil de son passage au-dessus du Gange céleste. On entendait au loin, par intermittence, le chœur des musiciens divins. L'air sentait bon la résine de pin, le bois de cèdre et le musc. Un peu plus loin, sentinelle vigilante à l'énorme bosse, le taureau de Shiva grattait le sol enneigé de ses sabots et, de ses fiers meuglements, tenait en respect les lions de la montagne.

Himalaya envoya sa fille, accompagnée de deux amies, servir le grand dieu, celui devant qui tous les dieux se prosternent. Elle apportait chaque jour l'eau rituelle, les fleurs fraîches et l'herbe sacrée. Penchée vers l'autel, elle y déposait quelques pétales. La masse voluptueuse de ses cheveux effleurait la terre. Suprême et solitaire, de son regard d'aveugle il contemplait l'Infini. Seule la lune, piquée dans sa chevelure d'ascète, semblait voir la jeune fille et comprendre son désir muet...

BRAHMA

En ce temps-là, des convulsions effrayantes secouaient les vastes espaces où vivent les dieux. Sorti de quelque profondeur glauque, Taraka, un être avide de pouvoir et de chaos, avec la violence d'un météore en folie s'était lancé à l'assaut du monde de lumière. Lutte gigantesque et tumultueuse menaçant l'ordre cosmique tout entier. Les habitants du ciel, menés par Indra, la divinité aux mille yeux, demandèrent une entrevue à Brahma. Leurs visages étaient décomposés, telles des fleurs flétries. Cependant, en présence de l'Être immense tourné dans toutes les directions, ils retrouvèrent un peu de couleur et de brillance. Ils se prosternèrent devant le dieu aux quatre faces et entonnèrent un chant de louanges :

Salut à toi, Brahma,
qui existais avant la création,
pur et sans forme.
Salut à toi,
le Non-né,
Origine de ce qui bouge et de ce qui ne bouge pas.
Salut à toi, dont les jours et les nuits mesurent les âges.
Tu ouvres les yeux,
un monde commence,
tu fermes les yeux,
un monde finit.
Toi qui n'as ni origine ni fin,
mais qui es l'origine et la fin de l'univers,
nous te saluons.
Par toi-même, tu te connais,
par toi-même tu te crées,
en toi-même tu te dissous.
Compact ou fluide, grossier ou subtil,
léger ou lourd, manifeste ou caché,
tu choisis de te révéler comme tu le veux.
Tu es la Nature en mouvement et en action,
tu es aussi le Témoin silencieux qui la regarde.
Gloire à toi,
père des pères, dieu des dieux,
toi plus haut que le haut,
créateur des forces créatrices.

Tu es le sacrifice et le sacrificateur,
le dévoré et le dévoreur,
tu es celui qui sait, et ce qui est à savoir,
celui qui contemple et ce qui est à contempler,
tu es le rêveur et le rêve.

Le dieu sourit. De ses quatre bouches, tombèrent ces mots – et la voix quatre fois sonore emplissait l'espace : « Bienvenue à vous, divinités puissantes aux longs bras ! Pourquoi ces mines défaites ? Pourquoi vos visages ressemblent-ils à des étoiles tristes voilées par la brume d'hiver ?

« La foudre du dieu Indra, au bout de sa paume levée ne danse plus sa danse de flammes ; que lui est-il arrivé ? Au lieu de tourbillonner dans sa robe iridescente, impatiente de s'échapper des doigts divins, elle gît, inerte, dans la main baissée, arme inutile aux coins ébréchés.

« Le nœud coulant de Varuna, le Maître des eaux, qui jadis se dressait fièrement tel un cobra prêt à l'attaque, voici qu'il pend misérablement dans sa main, sans plus de force qu'un serpent hypnotisé par le pouvoir de mots magiques.

« Le bras de Kuber, que ne prolonge plus l'énorme massue, ce bras mutilé tel un arbre auquel on a arraché les branches, me parle de quelque défaite étonnante. Qui l'a humilié ainsi ?

« Quant au Seigneur de la Mort, de son arme noire, de son arme qu'on dit invincible, il trace dans le sable des signes dénués de sens, tel un homme égaré grattant machinalement le sol avec un vieux bout de bois à demi carbonisé.

« Et ces Adityas, hier soleils éblouissants, comment se fait-il qu'à présent le regard peut se poser sur eux sans plus de crainte que si c'étaient de pauvres imitations de soleils peints par un artiste maladroit ?

« Pour la troupe des Vents, je ne la reconnais plus. Où donc est passée l'impétuosité de ces seigneurs fougueux qui couraient librement à travers l'espace ? Ils vacillent, ils trébuchent, ils reculent sur eux-mêmes, comme des eaux qui refluent.

« Et vous, les Rudras, vous dont les chignons nattés ressemblaient à des tours s'élevant orgueilleusement vers le ciel, pourquoi ces têtes baissées d'où pendent lamentablement des lunes éteintes ?

« Parlez mes enfants. Vous le savez, mon rôle est de créer les mondes, le vôtre est d'en maintenir l'ordre. Qu'attendez-vous de moi ? Votre pouvoir est-il menacé ? »

Du regard, Indra fit signe à Brihaspati de répondre. Ses mille yeux avaient bougé de façon presque imperceptible mais pendant une fraction de seconde ce fut comme un souffle de vent subit qui courant d'un bout à l'autre d'un étang en faisait onduler les lotus innombrables.

Brihaspati, les mains jointes, commença : « Seigneur, tu viens de le dire, notre position même est en danger. Comment ne sais-tu pas cela, ô Brahma, toi qui es présent en toute chose ? Un être des ténèbres du nom de Taraka, telle une comète maléfique, est apparu à l'horizon pour la tourmente des mondes.

« Le Soleil, à qui il a interdit de darder des rayons brûlants sur sa cité, ne sert plus, pâle et tiède, qu'à faire éclore les nénuphars de ses lacs ornementaux.

« Que la Lune soit croissante ou décroissante, elle n'a d'autre d'occupation que de lui faire sa cour en lui présentant tous ses quartiers brillants. Seul échappe à cette servitude celui qui orne la chevelure de Shiva.

« Le Vent n'ose même pas souffler vigoureusement au-dessus de sa ville, par peur d'être accusé de lui voler ses fleurs. Il est forcé de s'amollir et de le rafraîchir doucement, réduit au rôle d'un vulgaire éventail.

« Les Saisons ont abandonné le rythme de leur procession ordonnée ; elles doivent se tenir prêtes, en tout temps, à lui apporter leurs récoltes de fleurs et de fruits, comme si elles n'étaient que ses jardiniers privés.

« Le Maître des océans concentre ses immenses énergies sur une seule tâche : former des perles dans les profondeurs de ses eaux de façon à pouvoir les lui offrir en tribut.

« En dépit de ces hommages constants, Taraka harcèle les habitants des trois mondes. Les jardins du ciel, dont même les femmes des immortels touchent les plantes avec respect, il les saccage. Les nymphes, il les capture et les oblige à agiter des palmes devant lui pour créer une brise dont il se délecte, mouillée qu'elle est de leurs larmes. Les montagnes, il les déracine et en décore ses jardins. Brigand des grands chemins du ciel, il arrête les véhicules célestes si fréquemment que les dieux ont dû cesser leurs voyages de monde en monde. Notre seul espoir résidait dans l'arme de Vishnu, cette arme redoutable en forme de disque, et nous nous crûmes sauvés lorsque, dans un jaillissement de flammes, elle se lança contre lui, mais quelle ne fut pas notre consternation quand nous vîmes qu'au lieu de l'anéantir, elle allait docilement se suspendre à son cou, comme pour orner d'un bijou sa poitrine arrogante.

« Tous nos efforts ont été vains. Ô Brahma tout-puissant, nous t'en supplions, crée un dieu guerrier qui, à la tête des troupes du ciel, détruira Taraka. »

Le dieu créateur, assis sur son trône en forme de lotus, répondit et ses paroles furent pour les dieux abattus comme une pluie qui vient rafraîchir la terre après de longs jours de vent chaud : « Encore un peu de temps, et votre désir sera satisfait. Comme vous le savez, c'est moi qui ai donné son pouvoir à Taraka. Ce n'est donc pas à moi de le détruire. Seul un dieu né de Shiva, seul un fils du grand Shiva à la gorge bleue, capable d'avaler le poison primordial et d'en soutenir la brûlure, seul ce guerrier-là, héritier de cette force-là, pourra mener les armées célestes à la victoire et permettre enfin aux nymphes de dénouer librement leur chevelure. Shiva devra donner naissance à ce fils. Il faut donc que vous vous efforciez de le détourner de sa méditation, et, pour attirer cet esprit aussi inflexible que le fer, l'aimant puissant dont vous devrez vous servir, c'est la beauté de Parvati. Je vous en donne l'assurance : le fils de Shiva et de Parvati détruira l'être de ténèbres. » Ayant parlé, Brahma disparut. Toute la troupe des dieux, enfin rassérénée, se dispersa.

Seul Indra n'avait pas bougé. Toujours assis, une jambe repliée sur la cuisse opposée, il se concentra un moment. Ce fut comme un appel bref et silencieux. Une attente.

Alors, Kama, l'archer du désir, son arme de fleurs passée négligemment autour du cou (ah ! ce cou si souple et d'une beauté à faire pleurer, que venait d'enlacer sa femme Rati et où l'on voyait encore les marques passionnées de ses bracelets !), apparut devant Indra et, les mains jointes, attendit ses ordres.

LE DÉSIR FOUDROYÉ

Le regard aux mille yeux se posa sur Kama.

Celui-ci comprit qu'Indra l'invitait à s'asseoir à ses côtés. Obéissant promptement, il se disposa à l'écouter. Cependant pas un mot ne sortait des lèvres du dieu. Le jeune archer, impatient de démontrer sa valeur, rompit enfin le silence : « Tu m'as appelé, ô Indra, et je ne pouvais rêver plus grand honneur. Dis-moi, dieu connaisseur des hommes, que puis-je faire pour toi ? Quelqu'un chercherait-il à usurper ta place ? Veux-tu que je sape la force d'un rival, comme le courant d'un fleuve érode ses berges ? Faut-il détourner de son but quelque fou qui s'acharne par ses austérités à troubler l'ordre cosmique ? Tu n'as qu'un mot à dire. Je décoche une flèche et le malheureux oubliera jusqu'au souvenir de ce qu'il poursuivait :

capturé par le regard capricieux d'une femme, esclave de ses propres désirs, sourd et aveugle à toute autre chose, il restera englué à jamais dans les filets de ce monde. Ô Indra, il m'est si facile d'anéantir un ennemi : un sourire de femme me suffit ! Mais parle ! Quelque dame aux belles hanches, fidèle à son époux, résisterait-elle à tes avances ? Nomme-la moi, l'orgueilleuse qui ose se refuser à toi. Je la ferai souffrir de telles affres d'amour que son corps même en sera enfiévré et que, se tournant et se retournant sur sa couche, elle ne rêvera que de l'étreinte de tes bras nus. Ô grand dieu, laisse ta foudre en repos. Nul besoin d'un missile si terrible. Avec les fleurs de mon arc et les fragrances de mon ami Madhu, le Printemps, je brise la détermination la plus farouche ; en vérité, j'ose le dire, même le dieu au trident ne saurait me résister. N'est-ce pas tout dire ? »

Indra déplia sa jambe. Le moment était venu.

« Je le sais bien, mon ami, que tout cela est un jeu d'enfant pour toi. C'est précisément parce que je le sais que je t'ai appelé. Vois-tu, je possède deux armes. La première, c'est la foudre. La seconde, c'est toi. Mais dans le cas de ceux qui possèdent un pouvoir spirituel, ma foudre ne

peut les atteindre, seule ta flèche le peut. Tu m'as
dit, n'est-ce pas, que tu étais capable de frapper
le dieu au taureau ? Eh bien, c'est justement de
lui qu'il s'agit. Sache que les dieux désirent
mettre à la tête de leurs armées un chef de guerre
qui soit le fils de Shiva. Or celui-ci, comme tu
sais, a abandonné le monde et vit immergé dans
l'éternité du Brahman. D'autre part, la seule
femme digne de lui, la seule qui soit capable de
supporter le feu de sa présence, c'est la fille
d'Himalaya. Il faut donc que ta flèche frappe le
grand ascète et fasse naître en lui un amour pour
la très pure Parvati. Il se trouve qu'elle est à son
service en ce moment sur la montagne où le
grand dieu est retiré. Ô Kama, tu es béni des
dieux : voici qu'ils te confient une mission
suprême, une mission glorieuse que toi seul peux
accomplir, une mission qui te vaudra la recon-
naissance des habitants des trois mondes – et si
facile ! Une seule flèche à lancer ! Et puis, ton
compagnon Madhu t'aidera ; il est tout naturel
pour le Printemps de seconder le Désir. Bref, tu
as beaucoup de chance, mon ami ! »

« Que ta volonté soit faite ! » Le Désir s'inclina,
tendant un peu la nuque comme pour recevoir

une guirlande de fleurs passée autour de son cou. Il sentit la main d'Indra qui se posait un instant sur le sommet de son crâne : toucher étrange, entre caresse et coup, comme celui d'une trompe d'éléphant. Il se souvint de la monture d'Indra : à force de caresser Airavata, son éléphant blanc, la paume du dieu avait fini par devenir rugueuse. Kama se releva et s'éloigna.

★ ★ ★

Trois personnes gravissaient à pas lents une pente des Himalayas. L'herbe se faisait rare. Une bise glacée soufflait. Elles se dirigeaient vers la forêt qu'il fallait traverser pour atteindre le lieu que Shiva avait choisi pour sa retraite. En tête avançait Kama, le regard farouche comme s'il marchait vers sa fin. Derrière lui, son ami de toujours, Madhu. Enfin venait sa femme, Rati : comme elle semblait inquiète, elle dont le nom signifie extase ! Ils pénétrèrent ensemble dans la forêt sacrée.

Là, Madhu abandonna son apparence corporelle et, souverain, le dieu du Printemps se déploya...

Le soleil, ignorant le cours fixé des saisons, rebroussa chemin et, comme il ne le fait qu'à la fin de l'hiver, se dirigea vers le Nord. La région du Sud, telle une amante délaissée, gémit, et l'on sentit le souffle tiède qui s'échappant de sa bouche venait réchauffer jusqu'à l'Himalaya.

Comme dans la légende où une jeune fille fait fleurir les arbres en les touchant du bout de son pied, du tronc de l'arbre Ashoka surgirent en même temps et des fleurs et des feuilles. Autour des tendres bourgeons de manguier dont le Printemps s'était servi pour façonner l'arc du Désir, bourdonnaient les abeilles comme de minuscules lettres noires pour y inscrire le nom de l'archer. Les fleurs écarlates de l'arbre à perroquet, ainsi nommé parce que celles-ci ont la forme de son bec recourbé, apparurent de tous côtés comme si l'amoureuse forêt, dans son étreinte passionnée avec le printemps, se couvrait des marques rouges de ses ongles. L'antilope cligna un peu les yeux, à cause de la poussière de pollen, et puis détala. En proie à une exaltation nouvelle, elle courait contre le vent, dans le bruissement revenu de la forêt. Le coucou s'était enivré du parfum des fleurs de manguier et sa voix, revigorée par ces senteurs comme par un élixir, chantait à perdre haleine un chant de désir et de tendresse. Les femmes de la montagne, dont le teint était encore pâle de l'hiver, eurent soudainement envie de se mettre du rouge sur les lèvres, et à la moiteur de leur peau on comprenait ce qui frémissait en elles. Les ascètes qui habitaient la forêt sacrée s'efforçaient de maintenir leur concentration, mais en vain : l'apparition surprenante du printemps faisait naître en eux un trouble jamais ressenti.

En vérité, dès que Kama et Rati étaient entrés dans la forêt, le besoin d'amour s'était réveillé en tous les êtres vivants et chacun d'eux se préparait aux jeux que l'on joue à deux. L'abeille et sa compagne, côte à côte, penchés sur la même fleur, s'abreuvaient à la même corolle, se délectant du même miel. Le cerf noir grattait doucement le cou de sa biche avec ses bois, et elle, fermant les yeux de plaisir, se tendait vers lui. La femelle éléphant aspergeait son compagnon d'une eau encore pleine du parfum des lotus, qu'elle avait bue au lac lointain et conservée pour lui soigneusement dans sa trompe. De son bec, le canard sauvage présentait timidement à sa compagne une fibre de lotus qu'il avait déjà amollie pour elle de sa salive, la triturant longuement et avec amour. Les plantes grimpantes, elles aussi, sentaient le désir monter en elles. Elles enlaçaient les arbres, les serrant dans leurs souples rameaux comme dans autant de bras ; leurs bourgeons, rouge sombre, s'avançaient vers les troncs tels des lèvres offertes et leurs grappes de fleurs, seins lourds et odorants, se pressaient contre eux.

Pendant ce temps, le grand Shiva, sourd au bruit de ce monde, indifférent aux musiques célestes, suprême maître de lui-même, restait abîmé en contemplation.

Le taureau Nandi, le coude gauche appuyé contre un grand bâton brillant, vit que les Ganas avaient commencé à s'agiter. Il se redressa et, posant l'index sur sa bouche, il leur fit signe de se tenir tranquilles. À son geste impérieux, tout se figea instantanément. Arbres immobiles, abeilles pétrifiées, oiseaux muets, bêtes arrêtées en pleine course, la forêt entière semblait paysage de toile peinte. Kama (mais le savait-il qu'il allait bientôt perdre ce corps admirable ?), évitant le regard de Nandi, de même qu'au moment de partir en voyage on fuit la vue d'une planète maléfique,

entra dans l'espace interdit où se tenait le Maître
des créatures et alla se cacher derrière un bosquet
d'arbres Nameru. Il regarda le dieu aux trois yeux
assis en méditation sur une peau de tigre :

Lui. Son buste droit. Ses jambes, repliées sous
lui dans la posture yoguique appelée Virasana.
Ses épaules, légèrement penchées en avant. Ses
mains, placées sur les cuisses, paumes l'une sur
l'autre, comme un lotus ouvert au centre de son
corps.

Sa chevelure, tirée vers le haut et nouée d'un
serpent. Son collier de graines, comme en portent
les ascètes, tombant sur sa poitrine. Le bleu
profond de son cou. Le noir de la peau d'antilope
qui lui entoure les reins.

Ses yeux, fixés sur un point invisible, pupilles
brillantes et étrangement immobiles, paupières
lourdes, sourcils parfaitement lisses.

Sa respiration suspendue. Telle une étendue
d'eau qu'aucun vent ne ride, telle une lampe à
huile dont aucun courant d'air ne fait trembler la
flamme.

Son corps fermé aux impressions extérieures,
son esprit que n'agite aucune pensée. Face à
l'éternité. *Lui* que l'on nomme l'Éternel.

Kama regardait. Une étrange faiblesse l'avait
envahi et il ne s'apercevait pas que l'arc et le car-
quois lui avaient glissé des mains.

C'est alors qu'apparut la fille de la Montagne,
entourée de ses deux compagnes, et que, devant
sa grâce inouïe, le courage du Désir sembla se
raviver. Il la regarda s'approcher :

Elle. Parée des fleurs du printemps : des fleurs
d'ashoka comme des rubis, des fleurs minuscules
en clochettes jaunes, des fleurs rondes et blanches
comme des perles.

Légère comme une liane. Lourde de sa poi-
trine opulente. Branche fragile que le poids des
fleurs fait pencher vers la terre. Vêtue d'une étoffe
rose doré, comme le soleil de l'aube.

Sa taille entourée d'une guirlande, qui ne cesse
de glisser sur ses hanches. Ce trait de fleurs autour
de sa taille, comme une arme supplémentaire pour
Kama, non comptée dans son carquois.

Face à l'invincible Maître des sens, *Elle*, la
beauté absolue. Kama se reprit à espérer.

Elle se tenait maintenant à quelque distance
de celui à qui les dieux la destinaient. Et lui, ayant
réalisé la lumière suprême, sortit de sa transe.
Nandi lui indiqua que la fille du Roc venait

rendre ses devoirs, puis fit signe aux jeunes filles qu'elles pouvaient pénétrer dans l'espace sacré. Les compagnes d'Uma déposèrent aux pieds du grand dieu les fleurs et l'eau des sacrifices.

Uma se prosterna devant lui. Ses cheveux se dénouèrent et une fleur rouge glissa à terre. Sans la regarder, il la bénit avec les paroles rituelles.

Kama, malheureux papillon, va-t-il se jeter dans le feu ? Son arc est levé, sa flèche est pointée, mais la main est nerveuse sur la corde, indécise.

Une main rose tend au grand ascète un collier de graines de lotus. Le visage divin lentement se tourne vers elle. Ah ! la flèche frémit sur l'arc du Désir !

Le regard de Shiva se pose sur une bouche de la couleur d'un fruit mûr ; il semble vaciller, une seconde. Une éternité. Parvati se détourne, tremblante.

Le grand dieu lève les yeux. Il interroge l'espace : d'où est venu ce souffle de vent ? Pourquoi ce trouble au centre de lui-même ?

Et il voit : Kama, le poing fermé au coin de l'œil droit, un pied en avant dans la position de l'attaque, les épaules un peu arrondies – et le cercle magnifique de son arc en fleurs.

Un éclair fulgurant avait jailli du troisième œil, et avant que nul homme ou dieu ne pût s'interposer, le corps charmant du Désir n'était plus que cendres.

Rati gisait sur le sol, évanouie. Le Maître des créatures avait disparu avec tous ses compagnons. Parvati restait clouée sur place, terrifiée, éperdue de honte, ne sachant où aller se réfugier.

Himalaya alors survint, la souleva dans ses grands bras et l'emporta. Elle était inerte contre lui, les yeux clos, ces yeux qui avaient entrevu un feu insoutenable. Et son père se hâtait sur les sentiers enneigés, son immense corps tendu vers l'avant, comme un éléphant en fuite serrant un lotus contre lui...

POUR L'AMOUR DE SHIVA

Elle maudissait sa beauté. Car à quoi servent-ils, tous ces charmes, s'ils n'attirent pas celui qu'on aime ? Inutile, stérile était cette beauté ! Et d'ailleurs, ce n'était pas ainsi que Shiva devait être approché. Non, ce n'était pas de cette manière qu'elle obtiendrait son amour. Pas avec l'arc du Désir. C'était elle, Parvati, qui devait se transformer en un arc d'amour, bandé à l'extrême, en une flèche brûlante pointée seulement sur lui.

Elle résolut de tout quitter. À la manière d'un ascète elle partirait, elle se concentrerait sur la seule tâche qui lui semblait valoir la peine : tendre son corps et son esprit dans une seule prière, une seule aspiration, une seule volonté : gagner le cœur et la main du grand dieu.

Quand Ména entendit que sa fille avait décidé d'entreprendre une intense *tapasya*, elle fut horrifiée. Et la serrant contre son cœur, elle tenta de la dissuader : « Il est d'autres dieux aimables que l'on n'a pas besoin de rechercher en haut de sommets désolés ou au fin fond de forêts sauvages. Ô mon enfant, tu n'es pas faite pour les rigueurs de l'ascétisme. La fleur délicate de l'arbre à soie peut supporter le poids du papillon, mais non celui de l'oiseau ! » Mais ceux dont est ferme la détermination, qui peut les arrêter ? Autant essayer d'empêcher l'eau de couler vers le bas de la pente.

Sagement, Parvati attendit que son père eût entendu parler de son intention. Puis elle lui envoya une des ses compagnes : « Lui accorderait-il de vivre une vie de renoncement jusqu'à ce qu'elle obtienne ce qu'elle désirait ? » Himalaya se réjouissait que sa fille brûlât d'une passion si digne d'elle. Il donna sa permission.

Parvati quitta la maison familiale. Accompagnée d'une amie, elle s'installa sur un pic montagneux qu'on disait abriter des paons et auquel plus tard on donnerait le nom de Gauri, c'est-à-dire « la dame à la peau claire ».

Dans sa détermination farouche, elle avait retiré son collier dont les perles dansaient au creux de sa poitrine. Plus de bijoux, plus de poudre de santal. Un vêtement tout en écorce, d'un brun qui tirait sur l'orange, rugueux et rigide, qu'elle avait du mal à fermer sur ses seins ronds. Plus de tresses ornées de fleurs, mais le chignon natté des ascètes ; et pourtant, ainsi transformé, son visage semblait encore plus adorable, comme le lotus semble plus éclatant quand il est recouvert d'abeilles ou même entouré de mousse. Suivant l'usage, elle avait mis autour de sa taille une ceinture faite d'herbes coupantes qui irritait sa peau. Sa main que l'on voyait autrefois occupée à se farder les lèvres ou à jouer à la balle, n'avait désormais comme compagnes que l'herbe sacrée de Kusha et la guirlande de graines séchées qu'égrènent les ermites en répétant les mantras sacrés. Elle dont le corps était si délicat que, lorsqu'elle reposait sur son lit mœlleux, une fleur tombée de sa chevelure le meurtrissait, voici maintenant qu'elle dormait sur la pierre avec comme oreiller la fraîcheur de son bras nu. Ses regards vifs, ses mouvements gracieux, fidèle à son vœu elle y avait renoncé ; les premiers, elle les avaient confiés aux biches et les seconds, aux lianes de la forêt ; qui sait quand elle les reprendrait ?

Elle arrosait les jeunes arbres de la forêt. Elle nourrissait les antilopes avec du grain sauvage et celles-ci s'approchaient de si près qu'elle pouvait les caresser.

Des ermites aux cheveux blancs entendirent parler de cette jeune fille vêtue d'écorce qui pratiquait les ablutions rituelles, offrait des sacrifices et récitait les textes sacrés. Désireux de voir par eux-mêmes cette chose extraordinaire, ils accoururent. En vérité, pour ceux qui ont fixé leur regard sur le but le plus haut, l'âge n'est d'aucune conséquence.

La discipline de Parvati avait fait de cette montagne un sanctuaire. Les feux sacrificiels brûlaient continuellement, il n'y avait plus ni proie ni prédateur chez les animaux, et les arbres donnaient aux passants tous les fruits qu'ils souhaitaient.

Après quelque temps Parvati réalisa que l'objet de ses désirs ne pouvait être atteint par les austérités, les prières et la méditation qu'elle avait pratiquées jusqu'alors. L'effort devait être plus intense. Le sacrifice devait être entier. En vérité, de Parvati elle-même rien ne devait plus subsister qu'un amour brûlant et dévorant pour Shiva. Et comment se briser soi-même sinon en brisant ses propres limites ? Elle résolut donc, ignorant la fragilité de son corps, d'aller jusqu'au point le plus extrême de la plus extrême *tapasya*. Elle qui se sentait lasse après avoir joué à la balle avec ses amies entreprit de se soumettre à une discipline d'une rigueur jamais vue. Se pourrait-il que son corps fût fait de lotus d'or, pour avoir à la fois la délicatesse d'une fleur et la résistance du métal ?

À la saison chaude, elle se plaça au milieu de quatre énormes brasiers, les yeux grand ouverts fixés sur l'astre de feu au-dessus de sa tête, refusant de se laisser aveugler par son éclat. Silhouette infiniment fragile dans l'air tremblant de midi, avec ces hautes flammes autour d'elle qui dansaient sauvagement – et son expression était paisible et elle souriait d'un sourire d'enfant. Son visage exposé aux rayons du soleil commença par se colorer comme un lotus. Puis, peu à peu, et seulement aux coins de ses yeux, sa peau lentement s'assombrit. Elle ne bougeait point, même pour aller chercher de l'eau. Si parfois de la rosée se déposait sur ses lèvres, si quelques gouttes de pluie tombaient sur son visage levé, si les rayons de la lune laissaient échapper un peu de nectar, alors comme un arbre qui ne fait qu'absorber ce qu'il reçoit, elle laissait pénétrer cette eau en elle.

Longtemps elle resta ainsi, brûlée par les flammes rugissantes et par cet autre feu que l'on voit se déplacer au firmament. Et quand vinrent les averses de la fin de l'été, comme la terre asséchée fumait, de Parvati aussi s'éleva une grande nuée de vapeur. Les premières gouttes de pluie restèrent suspendues un instant sur ses longs cils, puis tombèrent sur ses lèvres, rebondirent sur le haut de ses seins et, roulant sur son ventre, traversèrent les trois lignes fines gravées dans sa peau pour atteindre, enfin, l'ouverture si belle de son nombril.

Elle était debout dans la furie des tempêtes, trempée par les pluies ou giflée par les vents et tout ce qu'elle avait comme abri, c'était la dureté des rochers. Les éclairs, ces yeux de la nuit, parfois illuminaient l'obscurité et grâce à eux la nuit fut témoin de son extraordinaire sacrifice.

L'hiver arriva. Le vent froid soufflait, faisant voler des paquets de neige durcie. Elle passait ses nuits immergée dans l'eau jusqu'à la taille, ne bougeant pas plus qu'un pilier de marbre. Et pourtant, quand elle entendait le cri d'un canard sauvage appelant sa compagne disparue dans les ténèbres, elle souffrait de leur peine, son cœur pleurait pour les amoureux séparés.

Les neiges avaient dérobé aux cours d'eau leurs merveilleux lotus. Mais son visage aussi odorant que le lotus se reflétait la nuit dans les eaux glacées : rose et lumineux, le pétale de sa lèvre inférieure ondulant un peu, il rendait leur splendeur perdue aux eaux de la montagne.

On a toujours dit que le sommet de l'ascétisme consiste à se nourrir exclusivement de feuilles tombées des arbres. Parvati, elle, les laissait sur le sol. C'est pourquoi on lui donna le nom d'Aparna, a-parna, c'est-à-dire « celle qui refuse même les feuilles ». Bien que son corps fût aussi fragile que la tige d'un lotus, elle lui faisait subir de terribles épreuves, inflexiblement, jour après jour et nuit après nuit, allant ainsi beaucoup plus loin que les plus endurcis des ascètes.

Un jour, une sorte de moine errant, vêtu d'une peau d'antilope, les cheveux relevés en chignon, un bâton à la main, se présenta dans le sanctuaire.

À la lumière que l'on voyait dans ses yeux et au calme qui se dégageait de lui, on devinait qu'il était un de ces êtres solitaires qui consacrent leur vie à la recherche du Brahman. Parvati le reçut avec toutes les marques traditionnelles de respect. L'étranger accepta l'hospitalité qu'on lui offrait et après avoir observé les rites nécessaires, se reposa un moment. Ou, du moins, il prétendit se reposer, car il continuait à suivre de ses yeux mi-clos chaque mouvement de Parvati. Puis, feignant de se réveiller, il s'adressa à elle avec le ton suave et innocent de quelqu'un qui manifeste un sincère intérêt : « J'espère que vous trouvez ici assez de bois pour allumer les feux des sacrifices ? Et l'eau ? Elle est assez pure pour servir à vos ablutions ? J'espère que vous ne vous infligez pas des austérités trop violentes, car, on le sait, un corps sain est un instrument indispensable dans la poursuite de la perfection. Ah ! Vous avez arrosé ces plantes, n'est-ce pas, je vois qu'elles font de petites feuilles ; en vérité, ces bourgeons ressemblent à vos lèvres, qui n'ont pas été fardées, je suppose, depuis longtemps et qui pourtant sont si roses ! Oh ! Comme elles vous aiment, ces biches et leurs faons, pour venir chercher le grain au creux de votre main, et comme leurs regards ressemblent aux vôtres... Ô fille de la Montagne, on a raison de dire que jamais la beauté ne conduit au mal, puisque votre conduite est devenu un modèle même pour les ascètes. Les eaux du Gange tombant du firmament et constellées des fleurs qu'y ont déposées les sept Rishis ne purifient pas votre père, le Soutien de la terre, autant que ne le fait la chasteté de votre vie.

« Dame vertueuse, vous ne devez pas me considérer seulement comme un étranger à qui on accorde l'hospitalité. On dit que l'amitié peut naître après seulement un échange de quelques mots. Je voudrais vous poser une question – pardonnez ma curiosité, ô dame à la grande endurance, le désir de savoir est naturel à ceux dont je fais partie. Si ce n'est pas un secret, je vous en prie, répondez-moi. Voici. Votre famille descend de Brahma, le premier créateur ; en votre corps s'est incarnée toute la beauté des trois mondes ; vous n'avez pas besoin de rechercher la richesse ou le bonheur qu'elle procure ; vous êtes dans la fleur de l'âge. Alors, dites-moi, pourquoi, cette vie de sacrifices ? Pour la réalisation de quel vœu ? On comprend que de nobles dames, ayant essuyé un affront intolérable, aient recours à une telle extrémité, mais j'ai beau me creuser la cervelle, je ne vois pas comment une chose pareille aurait pu vous arriver. Il est impossible, dame aux longs cils, que votre beauté ait été méprisée ; et dans la maison de votre père, comment pourriez-vous avoir été insultée ? Il est également inimaginable qu'un étranger vous ait manqué de respect : qui avancerait la main pour s'emparer du diamant qui trône sur la tête d'un serpent ? Alors pourquoi donc en pleine jeunesse avez-vous abandonné tout ornement ? Comment se fait-il que vous portiez ce vêtement d'écorce fait pour une vieille femme ? Dites-moi, est-ce que la nuit, resplendissante d'étoiles, la douce nuit qui tient la lune dans ses bras, est-ce que dès le soir elle aspire à l'aube ?

« Si vous voulez le ciel, votre sacrifice est inutile, le royaume de votre père est justement le pays des dieux. Et si vous désirez un mari, alors cessez tout de suite vos efforts : un bijou ne recherche rien, c'est lui qui se fait rechercher.

«Vous soupirez ? Ah ! C'est donc cela ? Alors je comprends de moins en moins. Je ne vois personne qui puisse se refuser à vous. Comment est-il possible que vous désiriez quelqu'un et que vous ne l'obteniez pas ? Oh, le jeune homme que vous aimez doit avoir un cœur de pierre pour ne pas s'affliger de vous voir ainsi, les cheveux nattés, brûlés par le soleil, avec des mèches de la couleur des épis mûrs qui pendent le long de vos oreilles ! Qui de sensible n'aurait pas pitié de vous : tous les endroits délicats qui étaient recouverts de vos bijoux ont été blessés par le soleil, et vous êtes si émaciée par vos austérités que vous ressemblez à la ligne mince du croissant de lune que l'on aperçoit durant le jour. L'orgueil de cet homme a dû lui tourner la tête pour qu'il ne se soit pas tout de suite présenté devant vos yeux – vos yeux si brillants sous vos cils recourbés. Combien de temps encore souffrirez-vous ? Ô Gauri, moi aussi dans ma vie antérieure, j'ai acquis par des sacrifices le droit d'obtenir quelque chose des dieux. Je vous donne la moitié de ma part, servez-vous en et prenez l'époux que vous désirez. Mais… au fait, qui est-il ? C'est que, de lui j'aimerais tout savoir ! »

Cet étranger avait pénétré au plus intime de son âme. Pas un son ne pouvait sortir de ses lèvres. Elle lança un coup d'œil à sa compagne, l'implorant de répondre. « Ô Sadhu, dit son amie, si telle est votre curiosité, apprenez pour l'amour de qui elle a fait de son corps l'instrument de la *tapasya*. Cette fière jeune fille, ignorant les divinités les plus glorieuses trônant aux quatre coins de l'univers, ignorant même le grand Indra, désire pour époux le dieu au trident, un dieu que la seule beauté – nous l'avons bien vu quand il a détruit Kama – ne peut conquérir. Oui, la flèche du Désir dirigée sur Shiva a été incapable de l'atteindre, elle s'est retournée sur Kama, chargée de toute la colère du grand dieu, et c'est le corps de l'archer que cette arme a détruit, mais en réalité elle a laissé une plaie béante dans son cœur à elle. Depuis ce jour, elle ne trouve ni repos ni paix. Même dans la maison de son père, quand on lui avait frotté les tempes avec de la pâte de santal, fraîche et apaisante, et qu'elle était étendue sur un rocher tapissé de neige, la fièvre d'amour ne cessait de la tourmenter. Que de fois, se promenant dans les bois avec ses amies, les princesses Kinnaras, elle les faisait pleurer lorsque, chantant avec elles les exploits du grand dieu, elle s'interrompait soudain, la voix brisée, le regard éperdu. Elle ne s'endormait qu'à la fin de la nuit, et puis, immédiatement se réveillait en sursaut avec un grand cri : « Où vas-tu ? Ô

Nilakantha, ô mon seigneur à la gorge bleue ! » et elle serrait passionnément dans ses bras un cou imaginaire. Parfois elle dessinait la forme du grand dieu, avec un croissant de lune dans les cheveux, et puis, cette pauvre folle, elle s'adressait à l'image en lui faisant des reproches : « Les sages disent que tu es présent en toute chose. Alors comment ne sais-tu pas que cette créature, ici présente, t'adore ? Comment se fait-il que tu ne le saches pas ? » Finalement quand elle eut réalisé qu'il n'y avait qu'une seule manière de conquérir le Maître de l'univers, elle demanda à son père la permission de venir dans cette forêt sacrée pour y mener une vie de silence et d'austérités jusqu'à ce que son désir fût exaucé.

« Vous le voyez, les arbres qu'elle a plantés et qui ont été les témoins silencieux de ses efforts ont commencé à donner des fruits. Mais le fruit de son désir ne semble pas être même sur le point d'apparaître. Je ne puis m'empêcher de pleurer quand je vois combien ces privations l'ont affaiblie. Ah ! Ce dieu ne semble pas entendre les prières. Indra accorde bien ses pluies à la terre altérée ; mais le grand dieu, sa soif à elle, quand donc l'apaisera-t-il ? »

Ainsi les sentiments de Parvati avaient été entièrement dévoilés par quelqu'un qui connaissait les secrets de son cœur. Le brahmane prit bien soin de ne donner aucune marque de sa joie. Il se tourna vers Uma, feignant la plus grande surprise : c'était une plaisanterie sûrement, cela ne pouvait être vrai…

Pour se donner une contenance, la fille du Roc, du bout de ses doigts, joints en pointe comme deux roses en bouton, faisait rouler les grains de sa guirlande de prières pendant qu'elle préparait une réponse. Enfin, elle se décida à parler : « Vous avez bien entendu, ô savant brahmane. La personne que vous voyez devant vous ose aspirer aux sommets, et cette *tapasya*, c'est le moyen d'y arriver. Il n'est point de pensée dont le chariot ne parvienne à destination. »

« La réputation du grand dieu n'est plus à faire ! s'exclama le brahmane. Et malgré cela, vous soupirez pour lui ? Connaissant ses inclinations malsaines, je ne peux que désapprouver un tel attachement. Vous avez fait un choix désastreux. Comment supporterez-vous le premier contact de votre main, parée du bracelet rituel, avec la sienne, entourée de serpents ? Rendez-vous

compte : votre robe de soie nuptiale où l'on aura
brodé des motifs de cygne avec des fils d'or, à côté
de sa peau d'éléphant dégouttante de sang ! Même
votre pire ennemi ne pourrait souhaiter de voir la
trace de vos pieds, colorés de rouge et habitués à
fouler des sols parsemés de fleurs, sur la terre des
cimetières souillée de poils de cadavres. Imaginez-
vous quelque chose de plus répugnant, dites-moi,
que sa poitrine, couverte des cendres des bûchers
funéraires, pressée contre vos seins qui embau-
ment la poudre de santal ? Et puis une autre humi-
liation vous attendra après le mariage : les gens
comme il faut souriront de vous voir assise sur un
vieux taureau, vous qui étiez faite pour trôner sur
les éléphants royaux. Je connais deux êtres qui se
sont terriblement dévalués par leur désir de s'unir
avec le dieu au trident : le premier c'est le crois-
sant de lune, et le second c'est vous, qui êtes aussi
précieuse pour nous que l'astre de la nuit. Réflé-
chissez. Son apparence ? Elle est monstrueuse
avec ses trois yeux ! Sa naissance ? Elle est obscure.
Quant à ses possessions, il n'a pour tout vête-
ment que les quatre coins du ciel nu. Ô dame aux
yeux de biche, que cherchez-vous en lui ? Est-il
qualifié en aucune façon pour être un mari ?

Abandonnez ce choix infortuné qui ne peut vous faire que du mal. Songez à la distance qui existe entre vous, qui êtes promise au bonheur, et un individu pareil ! Les sages n'honorent pas le gibet des cimetières comme s'il s'agissait de l'autel des sacrifices védiques. »

La lèvre inférieure de Parvati trembla. Ses pommettes s'empourprèrent. Haussant les sourcils, elle jeta un regard de mépris sur ce brahmane impudent.

« Vous ne connaissez pas celui dont vous parlez. C'est le propre des petits esprits de critiquer ce qu'ils ne peuvent comprendre.

« Pourquoi observe-t-on des rites de purification ? Parce qu'on veut se protéger contre des malheurs ou bien parce qu'on désire la richesse. Mais lui, le protecteur du monde, le Sans-désir, qu'a-t-il à faire de ces pratiques mercantiles qui corrompent l'âme ? Il ne possède rien mais il est la source de toute possession. Il hante les lieux où l'on brûle les morts mais il est le Maître des trois mondes. Son apparence est effrayante, et pourtant on l'appelle Shiva, le bienveillant. Nul ne connaît le dieu au trident. Qu'il soit resplendissant de diamants ou hérissé de serpents, vêtu d'une peau d'éléphant ou de soie blanche, couronné d'une tête de mort ou du croissant de la lune, nul ne peut le cerner, nul ne peut le définir, lui dont le corps est l'univers.

« Quand elles entrent en contact avec son corps, les cendres des bûchers funéraires acquièrent un pouvoir purificateur. C'est pourquoi quand il danse sa grande danse de création, les habitants du ciel recueillent avec dévotion la poussière tombée de ses membres et l'appliquent sur leur front. Même Indra, quand en haut de son formidable éléphant il rencontre ce dieu vagabond assis sur son taureau, il descend de sa monture et se prosterne devant lui, dans une pluie de fleurs du paradis.

« ... Bien que vous vouliez l'insulter, âme dépravée, vous avez dit une chose juste : celui qu'on dit être l'origine même de Brahma, le non-né, oui, il est vrai que personne ne peut saisir son commencement.

« Mais assez parlé ! Croyez ce que vous voulez, peu importe. Mon cœur est immuable et n'est plein que de lui. Qui suit son désir ignore la critique. » Et s'adressant à sa compagne : « Ô mon amie, je crois que cet homme entrouvre la bouche, il va encore parler. Je t'en prie, chasse-le. Dire du mal d'une âme noble est un crime, mais l'écouter ne l'est pas moins. D'ailleurs, s'il reste, c'est moi qui m'en irai. » Et la jeune fille se détourna pour partir, d'un mouvement si brusque que le vêtement en écorce qui couvrait sa poitrine s'ouvrit un peu.

Alors, reprenant sa forme réelle, le Dieu au taureau, étendant le bras, l'arrêta en souriant.

À sa vue, la fille du Roc, tremblant des pieds à la tête, se figea sur place, suspendue entre mouvement et immobilité, comme une grande rivière qu'une montagne arrête dans son élan. « Vous m'avez conquis, belle dame, je suis à vous désormais. »

Dès que le dieu couronné de la lune eut prononcé ces mots, un immense calme l'envahit. Elle avait recueilli le fruit de sa tapasya.

Elle était comblée, apaisée,
     comme si de son labeur, et de ses privations et de sa peine
     une force était née pour la rafraîchir
     et la renouveler.

LA REQUÊTE DE SHIVA

Le destructeur de Kama avait promis à la fille
du Roc d'approcher son père avec tout le respect
qui lui était dû. Le grand dieu s'adressa donc en
pensée aux sept Rishis, ces sages si invariable-
ment lumineux qu'on les compare aux étoiles
d'une constellation, et leur demanda leur aide.
Dès qu'ils entendirent l'appel, les Rishis inter-
rompirent leurs ablutions dans les flots de la
Ganga céleste et se dirigèrent vers la montagne
de Shiva. Ils étaient vêtus d'écorces, le cordon
sacré barrait leur poitrine, le chapelet de graines
des ascètes pendait de leurs oreilles, mais l'écorce
était dorée, le cordon sacré était fait de perles,
et le chapelet de bijoux : ainsi parés, côte à côte,
debout dans le ciel, on aurait dit des arbres céles-

tes ayant fait vœu de renoncement. Heureux d'avoir été convoqués par le Maître des trois mondes, ils se tinrent devant lui, chantant ses louanges. Puis, ils s'enquirent de ses ordres. Shiva leur raconta le souhait des dieux, tourmentés par Taraka, et son désir de s'unir avec la fille de la Montagne. Quand ils entendirent le dieu ascète parler de mariage, les Rishis se réjouirent et la honte d'avoir eux-mêmes pris femme les abandonna. Les sept sages pouvaient-ils lui servir d'ambassadeurs auprès d'Himalaya ? « Assurément ! » répondirent-ils d'une seule voix.

Ils partirent immédiatement pour Oshadhiprastha, « la ville des Herbes de Vie », capitale du souverain des Montagnes. Voyageant par les chemins du ciel, ils arrivèrent bientôt au-dessus de la célèbre cité, étendue entre deux bras du Gange et brillante à toute heure de l'éclat de ses herbes phosphorescentes. Cité qui ne connaît, d'âge, que la jeunesse, de guerrier, que le dieu à l'arc de fleurs, et de sommeil que celui qui suit l'amour. Les sept sages, bien alignés, la masse de leurs cheveux tirée si haut en arrière que leurs visages paraissaient surmontés d'une flamme immobile, descendirent vers le palais d'Himalaya.

Celui-ci avait été averti de leur arrivée et avança à leur rencontre : avec pour lèvres ses minerais rouge sombre, avec pour bras ses hauts sapins et pour poitrine ses gigantesques rocs, c'était bien Himalaya, le souverain des Montagnes, qui venait vers eux, et qui, à chacun de ses pas, faisait ployer la terre sous son énorme poids. Il fit asseoir les visiteurs, leur apporta les offrandes rituelles et leur rendit hommage en ces termes : « Je me considère doublement honoré, dit-il, d'abord dans mon corps immobile, celui qui participe du règne minéral et qui se réjouit d'être, en ce moment, foulé par vos pieds, et ensuite dans mon autre corps, celui que vous voyez se mouvoir devant vous et qui a le privilège de vous servir en personne. Bien que mes membres remplissent l'espace dans toutes les directions, ils ne sont pas assez grands pour contenir la joie que vous me donnez en me rendant visite. Votre vue a suffi non seulement à chasser l'obscurité de mes cavernes, mais à faire disparaître tous les recoins sombres de mon ignorance.

« Je ne pense pas qu'il y ait quelque chose dont vous ayez besoin et que je puisse vous offrir, et sans doute êtes-vous venus me voir uniquement pour ma propre purification. Néanmoins, si je puis vous être utile en quelque tâche que ce soit, ordonnez. Ce sera une grâce pour moi que de vous obéir. Je suis entièrement à votre service ainsi que ma femme ici présente, et ma fille, la joie de ma maison. » Ainsi parla Himalaya, et il semblait qu'il avait répété les mêmes mots deux fois, répercutés qu'ils étaient par l'écho de ses gorges profondes.

Les Rishis se tournèrent vers l'un des leurs, Angiras, expert dans l'art du discours, et l'invitèrent à prendre la parole : « La hauteur de tes pensées, commença Angiras, n'a d'égale que la hauteur de tes pics, ô noble souverain des montagnes. Ta forme immobile est le support de toute chose et de tout être vivant. Tu es le Roc premier qui soutient la terre. Père du Gange, tu purifies le monde. Tout ce qu'il pouvait y avoir de dureté en toi, tu l'as placé entièrement dans ton corps immobile, et dans ton être vivant tu es la dévotion et la douceur même. Voici ce que nous sommes venus te dire : sache que le grand dieu, celui qui porte un croissant de lune dans sa chevelure, celui qu'on appelle le seigneur suprême, celui que recherchent les yogis et qui réside dans leur cœur, celui dont les sages disent que l'union avec lui délivre de la peur de l'existence, le grand Shiva, celui à qui s'adressent toutes les prières et les requêtes des hommes, par notre intermédiaire te demande de bien vouloir lui accorder ta fille. Ô Himalaya, accepte le mariage du grand dieu avec Parvati, ils sont faits l'un pour l'autre comme le sens s'unit à la parole. Shiva est le père de l'univers. Parvati aussi sera célébrée comme la mère de toutes les créatures, inertes ou vivantes. »

La jeune fille, les yeux baissés, debout près de son père, cachait sa timidité en faisant mine de jouer avec un lotus dont elle effeuillait les pétales. Himalaya regarda sa femme. Celle-ci inclina la tête. Le souverain de la Montagne alors prit la main de Parvati : « Viens, mon enfant, voici que, fille du Roc, tu es recherchée par l'Âme suprême. Le but de mon existence est atteint. » Et, s'adressant aux Rishis : « La future épouse du dieu à la triple vision s'incline devant vous. »

Les Rishis bénirent la jeune fille qui, rouge de confusion, alla se réfugier dans les bras de sa mère. La date du mariage fut fixée : ce serait dans trois jours. Les sages prirent congé d'Himalaya, et allèrent informer Shiva du succès de leur mis-

sion. Puis, se plaçant de nouveau en une ligne par-
faite, ils s'éloignèrent dans les immensités du ciel
et d'eux, bientôt, on ne vit plus que sept étoiles
brillantes.

Les trois jours semblèrent longs au Seigneur
des créatures. Il attendait passionnément, lui, le
conquérant du désir...

LE MARIAGE

Lorsque la lune entra dans sa phase ascendante, Himalaya commença les cérémonies de purification. La cité d'Oshadhiprastha ne forma plus qu'une seule famille et tous les membres de cette famille n'avaient plus qu'une seule occupation : participer aux préparatifs. Dans chaque demeure, on voulait voir la future épouse du grand dieu, on voulait la caresser, la bénir, lui remettre quelque parure, fleur ou bijou. Parvati passait de maison en maison, de bras en bras, de tendresses en tendresses. Les rues étaient jonchées de pétales de fleurs, ornées de milliers de banderoles flottant légèrement dans le vent.

Quand la lune entre dans sa douzième maison, on retire le tissu de soie qui entoure sa taille et on enduit son corps d'huile parfumée. On dirait la jeune lune luisant doucement comme elle reflète la lumière du soleil. On la frotte avec une poudre d'écorce écrasée, un peu sèche et rugueuse. On l'amène dans une salle au sol de saphir, et on la baigne avec de l'eau apportée dans des bassines d'or. On entend déjà jouer en arrière-plan les grandes trompettes de la cérémonie du mariage. Fraîche et pure, elle brille à présent comme une terre qu'a lavée une ondée soudaine et où apparaissent, au bout de leurs longues tiges, les fleurs blanches des roseaux appelés *kasha*.

On la conduit au centre de la salle de cérémonie et on la fait asseoir, face à l'Est, sur un trône surmonté d'un dais que supportent quatre piliers en diamant. Les femmes se pressent autour d'elle, chargées d'onguents, de guirlandes, de parures. Parvati se tient droite, silencieuse, les yeux noyés dans quelque ailleurs lointain. Et voilà que les femmes la regardent et elles s'arrêtent de rire, s'arrêtent de bouger. Toutes ces décorations et ces fards, ces poudres et ces crèmes leur semblent si artificiels, tout à coup, si inutiles, face à cette perfection. Peut-on embellir la beauté ?

Puis une dame, se reprenant, fait brûler une résine aromatique : on expose ses cheveux humides à la fumée délicatement parfumée et, quand

ils sont secs, on les noue avec une guirlande de
fleurs jaunes mêlées à des herbes tendres. On
applique sur sa bouche une touche de crème trans-
lucide et brillante et la lèvre inférieure, creusée
profond en son milieu, semble gonflée d'attente.
Une de ses compagnes frotte la plante de ses
pieds avec une pâte rouge sombre, et plaisante :
« Attention, tu laisseras une empreinte rouge sur
le croissant de lune de ton époux ! » Parvati n'a
rien dit mais une guirlande de fleurs s'est abattue
sur la tête de l'indiscrète. Les femmes regardent
ses yeux, effilés et brillants comme des pétales
de lotus, qu'ont-ils besoin de fard ? Mais la cou-
tume, il faut respecter la coutume, et conscien-
cieusement elles soulignent l'intérieur de l'œil
avec le mascara traditionnel. On met en place
et on agrafe un à un les bijoux : elle resplendit
comme une nuit constellée d'étoiles, comme un
large fleuve piqué d'oiseaux blancs, un grand
jasmin éclaboussé de fleurs. On la revêt de soie
blanche, on lui met dans la main un miroir, rond
et argenté comme une lune d'automne, et voici
qu'elle fait penser au rivage de l'aube des temps,
infiniment blanc, quand l'océan de lait le recou-
vrait d'écume à perte de vue. De ses yeux immen-

ses elle contemple dans la glace celle que verra le grand dieu, et elle soupire, car qu'importe cette beauté si ce n'est pas pour lui. Ména s'approche, elle soulève doucement son menton, regarde encore une fois l'ovale si beau de son visage entre les deux lourds bijoux d'or qui pendent à ses oreilles, et la main tremblante, les yeux brouillés de larmes, trempe deux de ses doigts dans la pâte ocre, puis dans la poudre rouge, et enfin dessine la marque sacrée, le *tilak* rituel, sur son front. Parvati se prosterne devant sa mère, devant les divinités tutélaires, puis s'approchant des chastes dames qui viennent de la parer, elle leur touche les pieds respectueusement. Et celles-ci tour à tour la bénissent : « Puisses-tu jouir d'un amour sans partage ! » Mais ce souhait affectueux, elle, avec qui le grand dieu partage son corps, ne l'a-t-elle pas déjà réalisé, et bien au-delà ?

La cérémonie terminée, Himalaya, entouré de ses amis, assis dans le vestibule de son palais, attend le grand dieu et son cortège.

Pendant ce temps-là, sur le mont Kailash, devant Shiva lui aussi ont été placés les ornements du mariage. Qu'a-t-il besoin de ces objets rituels, lui le maître de l'existence ? Et pourtant, par respect pour la coutume, il avance la main. Il les touche et, – ah ! le dieu tout puissant s'est métamorphosé : une poudre de santal parfumée a remplacé la cendre qui recouvrait son corps. Une robe de soie à la bordure peinte de cygnes dorés s'est substituée à la peau d'éléphant. L'œil central avec sa pupille fauve s'est changé en un *tilak* sacré couleur de terre glaise. Les serpents entourant son cou, en pendentifs de diamants. Quant au diadème, nul besoin de transformation : Shiva ne possède-t-il pas dans sa chevelure le plus beau de tous : cette jeune lune si pure, unie à lui pour l'éternité et brillant jour et nuit en haut de son chignon ?

Ainsi, pour l'amour de Parvati, lui, origine de toutes les merveilles de ce monde, avait consenti à s'orner de ces parures rituelles, et à présent il regardait son image, reflétée dans la lame d'une épée qu'on lui avait apportée.

Nandi lui tend un bras. Il se dispose à enfourcher le seigneur des taureaux et l'énorme bête blanche, par dévotion pour lui, s'accroupit pour le laisser monter plus aisément. On dirait une montagne qui se prosterne. Assis sur la peau de tigre qui recouvre la puissante échine, le grand dieu se met en route.

Le cortège s'ébranle. Devant lui, ses compagnons, les Ganas, sonnant de la trompette et avertissant tous les dieux que c'est le moment de venir rendre hommage à Shiva. Derrière lui, les mères divines dans leurs chariots célestes, leurs boucles d'oreille secouées par la course, leurs visages roses et brillants comme un parterre de lotus mouvant dans le ciel.

Puis venait Kali la Noire, parée de guirlandes de crânes desséchés, tel un nuage sombre devant lequel passe un vol d'aigrettes blanches. Le Soleil, à bout de bras, tenait une ombrelle au-dessus du grand dieu, et comme les franges de soie frôlaient sa haute chevelure, on aurait dit que c'était le flot de Ganga ruisselant sur sa tête.

Mais Ganga et Yamuna étaient là elles aussi, de chaque côté de Shiva. Elles n'avaient pas pris leur apparence de rivières, et pourtant, voyant les grands plumeaux blancs qu'elles agitaient pour éventer Shiva, on pensait à des cygnes, battant des ailes autour d'elles comme aux abords des rives d'un fleuve.

Brahma et Vishnu vinrent saluer Shiva – Shiva qui n'était nul autre qu'eux-mêmes puisqu'en vérité ces trois dieux n'en font qu'un. Puis toute

la troupe des dieux menés par Indra s'approchè-
rent et les mains jointes s'inclinèrent devant lui.
Les sept Rishis aussi étaient là, les futurs offi-
ciants à la cérémonie du mariage.

Le taureau se déplaçait rapidement dans le
ciel, prenant plaisir à faire tinter ses petites clo-
chettes et à s'engouffrer dans les nuages avec de
grands coups de tête comme s'il voulait les encor-
ner. Mais Shiva ne prêtait attention ni aux nuages
ni au firmament, son regard trouait l'espace,
courait en avant, vers la cité lointaine d'Himalaya,
et, comme hâlé par les fils de lumière que proje-
taient ses yeux, Nandi arriva bientôt en vue
d'Oshadhiprastha. Tous les habitants de la ville,
le visage levé vers le ciel, admiraient le dieu à la
gorge sombre comme un nuage qui descendait
rapidement vers eux, assis sur le superbe taureau.
Shiva se posa à quelque distance des portes de
la ville.

Himalaya, le cœur plein de joie, partit à sa
rencontre. Suivi d'une procession de hauts élé-
phants transportant ses parents en costumes
d'apparat, on aurait dit qu'il se déplaçait avec
ses propres lignes de crêtes décorées d'arbres en
fleurs. Les deux cortèges, celui du grand dieu et

celui de la Montagne, se rencontrèrent aux portes de la cité, ouvertes à deux battants, et se confondirent comme deux fleuves tumultueux mêlant leurs eaux dans un bruit assourdissant. Shiva, devant qui se prosternent les trois mondes, les mains jointes, salua Himalaya, le Support de la terre. Et lui, confus mais radieux, guida le futur époux à travers les rues de sa ville. La procession avançait lentement, enfonçant jusqu'aux chevilles dans un tapis de pétales de fleurs.

À l'annonce de l'arrivée du cortège, au fond de chaque demeure les belles dames, brûlant d'envie d'apercevoir le grand dieu, interrompaient ce qu'elles étaient en train de faire. L'une se précipite à sa fenêtre, tenant dans une main la masse de sa chevelure dénouée et négligeant de ramasser la guirlande de jasmin qui l'attachait. L'autre retire brusquement son pied, encore humide de teinture, d'entre les mains de sa servante, et clopin-clopant court vers la croisée, laissant sur le sol l'empreinte rouge de ses pas. Une troisième suspend le maquillage de ses yeux et, le pinceau à la main, va vite se pencher à la fenêtre, un œil fardé de noir, l'autre entièrement nu. Une dame, le visage collé à la jalousie, retient sa robe qui s'est ouverte dans sa hâte et écarquille les yeux à travers le treillis. Une autre encore se lève précipitamment et, le fil où elle passait les perles encore attaché à son orteil, oubliant la ceinture à moitié tissée, sautille jusqu'au balcon, déversant une pluie de perles à chacun de ses pas.

Les fenêtres des palais remplies de tous ces visages roses de curiosité dont les yeux noirs voletaient à la manière des abeilles semblaient ornées de mille pétales de lotus. Plus rien n'existe pour ces femmes que la vue du dieu au croissant de lune marchant dans les rues de la ville. « Ah, elle était justifiée la tapasya terrible de notre douce Parvati. En vérité, tout femme s'estimerait bénie d'être seulement la servante de ce grand dieu. Quelle ne sera pas la joie de celle qui peut s'endormir sur sa poitrine ! Ces deux êtres étaient faits l'un pour l'autre et s'ils ne s'étaient pas unis tout l'effort du créateur pour former leur beauté incomparable aurait été en vain. Il est clair maintenant que ce n'est pas la colère divine qui a foudroyé Kama, non, à la vue de cette perfection il aura eu honte de son propre corps et, de dépit, il l'aura quitté volontairement. Oh, comme le seigneur des Montagnes doit être fier de cette alliance, ne semble-t-il pas qu'il marche la tête encore plus haute que d'ordinaire ? » Ainsi s'exclamaient les belles dames d'Oshadhiprastha, pendant que le dieu à la triple vision arrivait devant le palais d'Himalaya, dans une pluie de grains de riz que des milliers de mains jetaient sur lui, faisant tinter leurs bracelets d'or. Prenant appui sur le bras de Vishnu, il descendit de son taureau, comme le soleil se retire d'un nuage d'automne, et pénétra à la suite de Brahma dans les appartements royaux, pendant que les prêtres commençaient à chanter. La troupe des dieux et des rishis marchait derrière lui. On l'honora avec les présents traditionnels de bijoux, de miel et de beurre clarifié. Puis, de même que les rayons de la lune tirent la frange écumeuse de l'océan vers le rivage, ainsi les nobles gardiens du gynécée le conduisirent vers sa future femme. La récitation des mantras sacrés se faisait de plus en plus insistante, de plus en plus puissante, jusqu'à en devenir presque obsédante.

Il aperçut enfin le visage si doux et si lumineux de son aimée. Leurs yeux assoiffés l'un de l'autre se rencontrèrent un instant, une seconde brève où les mondes tournoyèrent, et se déta-

chèrent. La Montagne prit la main de sa fille et la
plaça dans celle du grand dieu. La main de Parvati
trembla, les doigts de Shiva s'enflammèrent. L'un
derrière l'autre, ils tournèrent sept fois autour
du feu sacré, comme le jour et la nuit se suivent
et tournent autour de l'axe de la terre. Sur les
instructions du prêtre, ils jetèrent des offrandes
dans le feu, si proches l'un de l'autre qu'ils
n'osaient pas ouvrir les yeux, et la fumée qui
montait vers elle en volutes bleues dessinait
comme des bijoux en torsades à ses oreilles. « Le
feu a été le témoin de votre mariage, dit le prêtre
à Parvati, Shiva est ton époux à présent, et tu es
sa compagne dans le dharma. » Comme le veut
la tradition, le grand dieu, levant les yeux, montra
à sa femme l'étoile polaire, symbole de stabilité,
et lui demanda si elle l'avait vue. On entendit à
peine le oui rituel murmuré par la jeune femme.

Le couple se prosterna devant le dieu créateur,
assis sur le lotus mystique. Brahma bénit Parvati :
« Puisses-tu donner le jour à un héros ! », mais
que peut-il souhaiter à Shiva ? Alors lui, le maître
de la parole, il garda le silence…

On assit les deux époux sur des trônes d'or
et on appliqua sur leur front de la pâte de riz en

signe de prospérité. À leurs côtés, Lakshmi tenait la tige d'un grand lotus qui faisait office de parasol et sur les pétales duquel on voyait perler quelques gouttes d'eau. La déesse du langage, Saraswati, chanta leurs louanges en un hymne composé de deux styles différents : pour Shiva elle utilisa une langue hautement littéraire et pour Parvati elle s'exprima avec les mots de tous les jours. Quand elle eut fini, la troupe des dieux s'approcha et supplia Shiva de redonner son corps à Kama. Non seulement le grand dieu accepta, et on vit réapparaître devant tous le dieu du Désir, l'arc de fleurs en bandoulière, mais on permit à celui-ci de lancer quelques flèches sur l'époux divin.

Prenant congé de tous les invités, le dieu au croissant de lune prit sa femme par la main et se dirigea vers la chambre nuptiale où on avait placé sur le sol un grand lit magnifiquement décoré.

La timidité la rend plus belle que jamais, elle détourne son visage quand Shiva tente doucement de l'attirer vers lui, elle est incapable même de répondre à ses amies qui l'entourent encore. Mais Shiva murmure à ses oreilles quelque plaisanterie secrète et voilà que Parvati se met à rire comme une enfant...

L'AMANT

Ils étaient seuls dans la chambre nuptiale.
Allongé sur le lit, il la regardait. Elle lui tournait
le dos, blottie sur elle-même, et de la voir si timide
donnait à son désir un goût encore plus délicieux.
Il tirait doucement sur sa robe, il lui chuchotait
des paroles tendres et rassurantes, mais en vain.
Plus il voulait se rapprocher d'elle, plus elle sem-
blait se recroqueviller. Alors il fit semblant de
dormir, et là il sentit, au mouvement des draps,
qu'on se retournait pour l'épier, mais quand il
ouvrit les yeux en lui souriant, ah ! elle ferma les
siens instantanément, comme blessée par une
lumière aveuglante. La main de Shiva, glissant
légèrement sur le lit alla se poser près de son
nombril et essaya de défaire le nœud de sa cein-
ture, mais une main tremblante le repoussa. Et

pourtant, on ne sait comment, la ceinture se dénoua d'elle-même... Une peur inconnue creusait un grand trou en elle, répandant une étrange faiblesse dans tous ses membres et lui faisant oublier les dernières recommandations de ses amies d'enfance. Ce qu'on lui avait dit qu'elle devait faire et ne pas faire pour plaire à son mari, tout était parti, balayé. Cependant, voulant la mettre à l'aise, Shiva tentait de la faire parler, lui posant toutes sortes de questions inutiles, mais tout ce qu'il obtenait en retour, c'était un regard effarouché et un hochement de tête qui ne voulait rien dire. Shiva continuait à parler, Parvati continuait à se taire... et bientôt le vêtement se retrouva au pied du lit. Brûlante de honte et voulant cacher sa nudité, elle mit ses deux mains sur les yeux de Shiva, et oh ! elle vit le troisième œil au milieu du front qui persistait à la regarder. Alors, impuissante, c'est elle qui ferma les yeux. Shiva se rapprocha...

Bien qu'elle se laisse embrasser sans offrir sa bouche ni répondre à ses baisers, sans lui permettre de mordre sa lèvre inférieure, bien qu'elle n'ose pas vraiment l'entourer de ses bras quand il l'enlace passionnément, bien qu'elle l'empêche

de la serrer trop fort et d'enfoncer ses ongles dans
sa peau, en dépit de cette pudeur et de cette
maladresse, le plaisir de Shiva est immense de
faire l'amour à Parvati. Quand vient le matin, ses
amies intimes la questionnent, mais elle se tait,
confuse, alors que son cœur brûle de parler. Elle
se regarde dans le miroir, observant les marques
qu'a laissées l'amour sur son corps, mais elle voit
son amant qui vient s'asseoir derrière elle, et elle
rougit. Ména, elle, a perçu la joie du dieu à la
gorge bleue, et le chagrin de se séparer de sa fille
s'en trouve quelque peu adouci.

Au bout de quelques jours, Shiva réussit à
donner à Parvati le goût des jeux de l'amour. Elle
l'étreignait maintenant quand il la prenait dans
ses bras, elle ne détournait plus son visage quand
il voulait l'embrasser, elle ne le repoussait que
très faiblement quand il cherchait le nœud de
sa ceinture. Bientôt, pas plus que la bouche
de Ganga ne peut quitter l'océan, pas plus que
l'océan ne peut cesser de boire au nectar de sa
bouche, Parvati ne put se détacher de Shiva. Ils
ne se rassasiaient point l'un de l'autre. Il lui ensei-
gnait les plaisirs de l'amour, et peu après, comme
un disciple reconnaissant fait une offrande à son

maître, ces mêmes plaisirs, elle les lui prodiguait en retour. Il lui mordait les lèvres, il la caressait violemment et elle, pour calmer sa fièvre, posait les mains un instant sur la surface argentée et rafraîchissante de son croissant de lune. Parfois, quand il l'embrassait, un peu de la poudre qu'elle avait dans les cheveux lui entrait dans l'œil, celui du milieu de son front, alors il collait celui-ci tout contre la bouche de Parvati pour que son haleine parfumée l'apaise.

Un mois passa ainsi dans le palais du seigneur des Montagnes.

Au bout d'un mois, Shiva prit congé d'Himalaya. Et assis l'un derrière l'autre sur le taureau blanc, rapides comme le vent, ils se transportèrent de lieu en lieu, de montagne en montagne. En vérité, ils s'aimèrent sur tous les sommets du monde. Sur le mont Meru, Shiva dormit, la tête sur les seins de Parvati, allongé sur une couche de feuilles dorées. Sur les pentes de la montagne Mandara, encore humide du nectar sorti de l'océan, ils s'aimèrent, et la bouche de Shiva ne quittait plus celle de Parvati, telle une abeille posée sur un lotus. Sur la montagne de Kubera, ils s'aimèrent au clair de lune, et Parvati effrayée

par les rugissements de Ravana s'accrochait au
cou de Shiva. Sur la montagne Malaya aussi ils
s'aimèrent, rafraîchis par le vent du sud qui sen-
tait le bois de santal et la fleur de giroflier. Puis,
dans le Gange céleste ils jouèrent : Shiva s'amu-
sait à éclabousser Parvati et elle, fermant les
yeux, faisait mine de frapper son amant avec un
lotus doré, et puis ils nagèrent dans l'eau claire et
d'innombrables poissons affluèrent, entourant
la taille de Parvati tel un pagne souple et brillant.
Dans le jardin du paradis, Shiva cueillit des fleurs
de Parijata, le jasmin du soir, et en orna la cheve-
lure de son amante, pendant que les nymphes le
regardaient avec envie.

Ayant visité le ciel et la terre, il arriva enfin
avec sa femme sur le sommet de la montagne
Gandhamadana au moment où un soleil rouge
descendait lentement vers l'horizon.

Là, ils s'assirent sur un rocher et Shiva, entou-
rant de son bras la taille de Parvati, contempla le
coucher de soleil.« De même que le maître des
créatures fait se rétracter l'univers à la fin d'un
monde, ainsi le Seigneur du jour fait disparaître
la lumière, l'absorbant en lui-même. Mais il n'a
pas voulu que se perde la beauté des lotus qui

allaient se refermer, il l'a soigneusement trans-
portée dans les coins de tes yeux effilés. Vois, ma
bien-aimée, le soleil est si bas à présent que les
torrents qui dégringolent sur les pentes de ton
père, ne se trouvant plus sur le chemin de ses
rayons, sont privés des arcs-en-ciel qui les entou-
raient. Sur le lac l'obscurité a enveloppé les
canards sauvages, et séparés chacun de leur
compagne, ils tournent désespérément la tête de
tous côtés, lançant des cris plaintifs qui ne s'apai-
seront qu'à l'aube, lorsqu'ils s'apercevront que
leur aimée était tout près d'eux, juste de l'autre
côté du lotus. Les éléphants se dirigent lentement
vers l'étang où ils vont s'abreuver, et l'eau qu'ils
conserveront dans leur trompe jusqu'au matin
aura la senteur épicée de l'écorce des arbres
Sallaki qui poussent sur les berges. À l'ouest, le
soleil a atteint les eaux du lac, vois, mon tendre
amour, comme il s'affaisse, comme il s'allonge,
étendant un pont de feu entre les deux rives. Les
sangliers émergent de la mare où ils se sont réfu-
giés tout le jour pour échapper à la chaleur et,
couverts de boue, ils remontent sur la terre ferme,
mais leurs défenses claires et luisantes paraissent
de loin des tiges de lotus qu'ils poussent devant

eux. Ô mon aimée aux cuisses rondes, regarde ce paon perché en haut de l'arbre : se pourrait-il qu'il soit en train de boire les couleurs du soleil couchant ? Vois comme l'astre décline doucement là-bas pendant qu'ici sa queue ouverte en éventail se revêt peu à peu de la splendeur de l'or fondu…

« N'est-ce pas un charmant spectacle que ces ermitages qui se préparent pour la nuit ? Les biches sont allongées dans leurs abris en feuilles, on a mouillé la terre au pied des jeunes arbres, des feux ont été allumés çà et là, et les vaches sont rentrées que l'on va traire.

« Le lotus attend une seconde encore avant de se refermer. Peut-être une abeille voudra-t-elle passer la nuit à l'intérieur de ses pétales. Alors, à l'extrémité de son bouton presque clos, il a laissé une ouverture minuscule, pour elle, par amour pour elle.

« Le soleil a confié la lumière du jour à l'océan, et, avec ses coursiers, encolure tendue vers la terre, plumets tombant sur les yeux, crinière tirée par le joug, il plonge vers sa demeure de l'ouest. Derrière lui avance sa compagne fidèle, la déesse du Crépuscule : elle qui le précède en son heure de gloire matinale, n'est-il pas juste que respec-

tueusement elle le suive au moment de sa chute ?
Ô ma femme à la chevelure bouclée, regarde les
contours si brillants des nuages, on dirait que le
soir, prenant ses pinceaux, les a soulignés de
rouge, de jaune et de brun, spécialement pour
toi, pour que tu les admires. C'est l'heure sainte
où les ascètes, debout sur la pointe des pieds,
les mains levées haut devant eux, versent l'eau
rituelle en signe de purification et prononcent les
mots secrets qui célèbrent l'Éternel. Douce amie,
laisse-moi m'éloigner un moment pour que moi
aussi je remplisse ce devoir sacré. » Parvati fit la
moue. «Voici ton amie Vijaya, continua Shiva, qui
te distraira pendant mon absence. » Le dépit de
la fille de la montagne était grand. Sans répondre
à son mari, elle lui tourna le dos et prétendit
prendre un grand intérêt à ce que lui disait sa
compagne. Après quelque temps, ayant offert les
prières du soir, Shiva revint s'asseoir à côté d'elle.
Parvati feignit de l'ignorer. Il avait beau la pres-
ser de questions, elle restait muette et ses yeux,
fixés sur un horizon imaginaire, jetaient des
éclairs. Shiva sourit :

« Tu t'imagines ce qui n'est pas, dit-il. Oublie
ta colère, elle n'a aucun fondement. C'est à la

divinité du Crépuscule que j'ai rendu hommage
et à nulle autre. Ô mon bel amour, ne sais-tu pas
que je suis avec toi comme un de ces canards sau-
vages qui ne peuvent supporter d'être séparés de
leur compagne ? Sache, susceptible amie, que cette
déesse est la fille de Brahma, il est donc juste de
l'honorer soir et matin. Regarde-la, qui s'étale sur
l'horizon, peu à peu écrasée par l'obscurité, rivière
de feu voilée à moitié par un rideau d'arbres
noirs. Et voilà tout ce qui reste désormais de ce
crépuscule : une ligne rouge dans le ciel ; le vois-
tu ce trait de feu, comme une épée sanguinolente
plantée obliquement en terre ? Ô ma femme aux
longs yeux, les ténèbres s'étendent à présent dans
toutes les directions. L'œil ne peut aller ni
derrière, ni devant, ni en haut ni en bas, le monde
est enveloppé par la nuit comme par la membrane
dans la matrice d'une femme. Ce qui est pur et
ce qui est trouble, ce qui bouge et ce qui ne bouge
pas, ce qui est droit et ce qui est tordu, tout se
confond, oh, dangereuse est la nuit qui efface
toutes les distinctions !

« Mais vois, pour chasser l'obscurité, la lune,
astre des sacrifices, va se lever. Ô bien-aimée, la
divinité de l'Est s'éclaire à présent comme si on

avait saupoudré son visage du pollen des fleurs blanches du pandanus ; et, pressée par la nuit, elle révèle enfin son secret : d'abord un sourire, mince et doré, puis le disque lunaire tout entier. Alors celui-ci, comme s'il rassemblait de ses doigts la masse d'une chevelure éparse, de ses rayons ramasse l'obscurité et baise la bouche de la nuit – la nuit extasiée dont les yeux clos sont les lotus endormis. Le ciel s'éclaircit lentement, comme l'eau du lac redevient limpide après le passage des éléphants. La lune monte, sa lumière se dépose en haut de toute chose, laissant l'obscurité s'accroupir dans les creux. Ô ma belle amie, on dit que lorsqu'elles sont touchées par l'astre de la nuit, les pierres de lune fondent, c'est le bruit de cette eau coulant goutte à goutte qui a dû tromper la montagne, car les paons se réveillent qui dormaient en haut des arbres. Le cercle lunaire, jusqu'à présent d'un jaune doré, devient de plus en plus blanc et brillant. Ô mon amie aux yeux étincelants de colère, je voudrais ramasser sous les arbres les éclats de lune tombés à travers les feuilles et, ces fins pétales de lumière éparpillés à terre, les mettre à tes cheveux noirs.

« Regarde qui se dirige vers nous maintenant : c'est la divinité tutélaire de ces lieux, elle tient une coupe en cristal dans laquelle elle a versé du vin provenant de l'arbre-qui-exauce-les-désirs. Il est vrai, sensuelle fille d'Himalaya, que ta bouche étant aussi parfumée que la fleur de bakula et tes yeux naturellement brillants, tu n'as nul besoin d'un élixir pour aviver tes charmes. Cependant il faut faire honneur à notre amie et accepter son offre. » Ayant parlé ainsi, Shiva fit boire à Parvati le vin qui enflamme les désirs.

Alors Parvati s'abandonna totalement à la passion.

Toute réserve avait fondu. La pudeur même avait disparu. Elle se laissa aller contre la poitrine de Shiva, et lui, la prenant dans ses bras, la fit s'allonger. Il se pencha sur elle et resta un long moment immobile, la contemplant avec adoration. Elle balbutiait des mots tendres et inintelligibles, les yeux égarés, souriant d'un sourire vague et un peu fou. Il la souleva et la transporta jusque dans une grotte en cristal ouvragé qu'il avait créée pour y abriter leurs amours. Elle s'abandonnait dans ses bras, et ses hanches étaient lourdes d'où la ceinture de perles avait glissé. Il l'étendit sur une couche dont les draps étaient blancs comme le plumage d'un cygne et doux comme les rivages de sable fin le long du Gange. Là, leur amour fut si ardent que les cheveux de Parvati s'accrochaient dans le croissant de lune de Shiva et que les amants s'enfonçaient les ongles dans la peau jusqu'au sang. Et pourtant le désir de Shiva n'était pas assouvi.

Quand les étoiles pâlirent, il eut pitié de sa bien-aimée et consentit à fermer les yeux. Il se réveilla à l'aube, à l'heure où s'ouvrent les lotus et où commencent à chanter les musiciens du ciel. Une brise légère qui avait ridé les eaux du lac Manas et agité les arbres de la forêt Gandhamadana, vint rafraîchir leurs corps, et pour un bref instant ils dénouèrent leur étreinte. Voulant remettre son vêtement elle fit mine de se redresser, mais Shiva l'arrêta. Son regard avait été attiré par des marques violettes à la naissance de ses cuisses. Le vêtement resta où il était...

Les yeux de Parvati étaient rouges par manque de sommeil, ses lèvres meurtries, ses cheveux en désordre et le tilak sur son front à moitié effacé. De la voir ainsi attisait encore davantage la passion de Shiva. Jour et nuit, invisible pour tous sauf pour sa bien-aimée, il s'abreuvait au nectar de sa bouche, allongé sur ces draps maintenant froissés où s'inscrivaient les marques rouges des pieds de Parvati et dans les plis desquels gisait un voile déchiré.

Cent cinquante saisons passèrent comme une seule nuit.

Et pourtant le désir de Shiva n'était pas assouvi.

Il brûlait, dévorant, insatiable, éternel, comme le feu irréductible qui brûle au cœur de la terre.

De ce feu,
De cet amour de l'Éternel pour la fille du Roc,
Naîtra l'enfant-guerrier,
Kumara,
Qui, à la tête des armées célestes,
Détruira Taraka,
Mettant fin au chaos des mondes –
Kumara,
L'enfant radieux assis sur le paon de la victoire.

NOTES

KUMARA

L'histoire de la conception de Kumara, racontée dans les Puranas ainsi que dans les neuf derniers chants de *Kumarasambhava* (lesquels, rappelons-le, ne sont pas considérés comme ayant été écrits par Kalidasa) souligne la quasi-impossibilité pour tout être vivant de devenir le réceptacle de la force créatrice du grand dieu. La semence de Shiva, personne n'en peut tolérer la brûlure, et tous ceux qui en sont les dépositaires pour un moment n'ont de cesse que de s'en débarrasser en la confiant à quelqu'un d'autre ; d'abord Agni, pourtant le dieu du feu en personne, envoyé par Indra pour la recueillir, ensuite le Gange où se jette Agni pour calmer sa douleur, et puis les six Krittikkas (étoiles des Pléiades) qui, se baignant dans le Gange enfiévré, s'en retrouvent imprégnées. Finalement l'enfant naîtra dans les roseaux. Agni, le Gange et les Krittikas se le disputeront jusqu'au moment où Shiva le reconnaîtra et le déposera dans les bras de Parvati. Au bout de six jours, il maîtrise la discipline des armes. À la requête des dieux, Shiva le nomme chef des armées célestes. Une grande bataille a lieu au cours de laquelle Kumara coupe la tête de Taraka et détruit ses forces.

On l'appelle aussi Kumara « le né des Krittikas » : Karttikeya ; ou bien « le dieu à six têtes » : Shadanana. Il est représenté en général sous la forme d'un guerrier-enfant assis sur un paon.

Kalidasa

Nous ne savons pratiquement rien sur la vie du plus grand poète du sanskrit classique. Dans aucune de ses œuvres, il n'a parlé de lui directement. Et même Mallinatha, le grand connaisseur de Kalidasa, qui vécut au XIVe siècle ap. J.-C., est silencieux à ce sujet. En outre, comme il y eut plusieurs poètes qui portèrent le nom de Kalidasa, la confusion est grande.

Il est généralement admis que Kalidasa était originaire de Malwa (dans l'État moderne du Madhya Pradesh) et qu'il a vécu dans sa capitale Ujjain. Il apparaît évident que Kalidasa connaissait bien Ujjain et qu'il a décrit la ville à plusieurs reprises y compris la rivière qui y passe, Kshipra. Et pourtant les œuvres de Kalidasa témoignent d'une telle connaissance de la géographie, de la faune et de la flore de l'Inde que de nombreuses régions, comme le Bihar, le Bengale, le Cachemire, Varanasi, etc., se disputent l'honneur de l'avoir vu naître. Un auteur, par exemple, a pu remarquer que Kalidasa ayant décrit une fleur fraîche de safran devait nécessairement avoir vécu au Cachemire. D'autres affirment que ses descriptions du Gange sont une preuve qu'il était natif du Bengale, etc.

La date de Kalidasa est aussi un sujet de grand débat. La tradition indienne le dit l'un des « neuf joyaux » ornant la cour du grand roi et mécène Vikramaditya, dont la capitale était Ujjain. C'est Vikramaditya, dit-on, qui après avoir vaincu les Shakas, c'est-à-dire les Scythes, établit en 57 av.

J.-C. l'ère appelée Samvat, le plus important des systèmes indiens de datation. D'autres critiques observent que Vikramaditya était seulement un titre, signifiant « le soleil de la valeur », que plusieurs rois au cours des âges se le sont attribué et qu'il n'est donc pas certain qu'il s'agisse de ce roi-là. Il semble plus probable, arguent-ils, que ce Vikramaditya soit le roi Chandragupta II (IVe siècle ap. J.-C.) de la dynastie des Gupta. D'autres dates ont été proposées également. Les critiques indiens ont plutôt tendance à placer Kalidasa autour du début de notre ère, et les critiques occidentaux vers les IVe ou Ve siècle ap. J.-C.

Qu'il ait vécu au Cachemire ou au Madhya Pradesh, avant le début de notre ère ou bien après, une chose est certaine, l'étendue des connaissances de Kalidasa était prodigieuse. Il connaissait toute la littérature védique, les différents *shastras* ou traités scientifiques, philosophiques ou politiques, les grandes épopées. Il connaissait tout le nord de l'Inde et pouvait décrire chaque royaume avec ses coutumes et produits particuliers. Il connaissait leur géographie, leurs montagnes, vallées et rivières, leurs fruits, leurs fleurs, leurs oiseaux. Il connaissait la musique et ses différents instruments, la vie de la cour et la vie de la campagne. Bref, un savoir si vaste que certains auteurs ont jugé approprié de lui conférer le titre de *sarva-jna* : le tout-connaissant. Observateur précis, mais toujours artiste et poète : il se sert de ce qu'il connaît sans jamais en faire étalage, sans nulle pédanterie ou érudition excessive.

On attribue sept œuvres à Kalidasa : trois pièces de théâtre dont la plus connue est *Shakuntala*, et quatre poèmes, dont *Raghuvamsha* ou *La Dynastie des Raghu*, le *Kumarasambhava*, et le célèbre *Meghadut* ou *Le Nuage messager*.

L'art de Kalidasa

Nous avons dans notre introduction cité Sri Aurobindo sur le *sloka* classique, ce vers ou plutôt cette strophe qui doit être une œuvre d'art en elle-même. On pourrait comparer le *sloka* à une miniature qui, dans les quelques centimètres carrés de sa surface, à travers ses lignes et couleurs bien nettes, nous fait entrevoir un moment de la journée, une émotion, une situation. Mais la miniature est muette, tandis que le son, le bruit des ruisseaux, la musique des harpes divines, le chant du coucou, ne sauraient être absents des tableaux de Kalidasa. On pourrait alors comparer chacun de ses *sloka* à un plan cinématographique, complet en lui-même, soigneusement choisi, dont l'ombre et la lumière, les couleurs, les positions de chaque objet ont été réglées minutieusement et avec un sens extrêmement précis de l'émotion recherchée. Ce n'est pas un hasard si nous parlons de cinéma pour Kalidasa. Il montre plus qu'il ne parle. C'est l'image qui nous « dit » tout – ainsi ce lent panoramique passant en revue tous les dieux, l'un après l'autre, devant le trône de Brahma, qui nous en dit plus sur leur malheur que toute narration ou explication. Dans chacun des cinq plans montrant une femme d'Oshadhiprastha courant à sa fenêtre pour apercevoir Shiva, tout a été dessiné avec une précision extrême : la position de la dame par rapport à la fenêtre, le mouvement de son corps, le geste de sa main, l'objet ou les objets qui seront dans la lumière, etc. Après ces cinq plans, un plan final d'ensemble : la rue, de loin, avec toutes les fenêtres des palais encadrant chacune un visage rose et brillant.

La caméra s'approche, elle s'éloigne : elle filme Himalaya et son cortège partant à la rencontre de Shiva, nous avons l'impression d'être tout près, presque à l'intérieur du cortège, et puis voilà que soudain travelling arrière (la caméra est probablement au sommet d'une colline avoisinant la ville) et on ne voit plus qu'une suite de lignes convexes qui sont les dos des éléphants, on dirait une ligne de crêtes en mouvement. Quant à la fameuse description de Parvati dans le premier chant, cette montée lente et régulière, depuis les traces rouges que laisse la plante de ses pieds jusqu'à ses cheveux, ne nous fait-elle pas penser à certains effets dont se servent les réalisateurs de cinéma ?

On a dit que l'outil principal de Kalidasa, le *kavi-kula-guru* ou Maître des poètes, c'était l'image. Ce qu'on entend par là généralement, c'est qu'à la différence d'autres poètes qui utilisent principalement la métaphore, Kalidasa fait un grand et magnifique usage de la comparaison. Mais il serait plus juste de dire que Kalidasa est le Maître de l'image tout court.

TABLE DES MATIÈRES